L'HOTESSE
DE SAINT-ÉLOY

DRAME-VAUDEVILLE EN TROIS ACTES

De M. V. de SAINT-HILAIRE,

Représenté pour la première fois, à Paris, sur le théâtre des FOLIES-DRAMATIQUES,
le 13 août 1850.

PRIX : 60 CENTIMES.

Paris

BECK, LIBRAIRE

RUE DES GRANDS-AUGUSTINS, 20

TRESSE, successeur de J.-N. Barba, Palais-National.

1850

L'HOTESSE DE SAINT-ÉLOY

DRAME-VAUDEVILLE EN TROIS ACTES,

De M. V. de SAINT-HILAIRE,

Représenté pour la première fois, à Paris, sur le théâtre des FOLIES-DRAMATIQUES,
le 13 Août 1850.

PERSONNAGES.	ACTEURS.
LE MARQUIS DE GRANDSCHAMPS, contre-amiral	M. FRANCK.
ADELINE, sa fille	Mᵐᵉ BONNARD-SANDRE.
MARTHE, vieille femme de charge	BODRAY.
HENRI, ouvrier orfèvre	M. CHRISTIAN.
MARIETTE, sa promise	Mˡˡᵉ DINAH.
EDOUARD DE VERSEUIL, officier aux gardes	MM. ALEXIS DIDIER.
LE CHEVALIER, idem	MANUEL.
FLORAC, capitaine du guet	H. REY.
CLAUDIN, dit La Tortue, camarade de lit de Henri	SERRES.
M. CHOPARD, exempt de police	BELMONT.
EUSTACHE, compagnon orfèvre	E. CLÉMENT.
JEROME, idem	BOSQUIER.
COLAS, idem	
FRANÇOIS, idem	HENRI.
TOTO, apprenti	Mˡˡᵉ LOUISA.
JOSEPH, vieux domestique du marquis	M. LEMONNIER.

La scène se passe à Paris, sous Louis XV.

NOTA. — Toutes les indications de droite et de gauche doivent s'entendre relativement à l'acteur faisant face au public.

AVIS. — S'adresser pour la musique, très-essentielle dans cet ouvrage, à M. ORAY, chef d'orchestre des Folies-Dramatiques.

ACTE PREMIER.

Le théâtre représente la salle basse de l'hôtellerie des compagnons orfèvres ; à droite, grande cheminée dans laquelle est appendue la marmite contenant la soupe préparée pour les compagnons ; près de la cheminée, une petite table de service, espèce de comptoir d'auberge. Dans la salle, d'autres tables et bancs de bois. Un grand bahut, à droite, au delà de la cheminée ; dans l'angle de gauche, au fond, l'escalier qui conduit aux chambres des compagnons. Du même côté, deux portes donnant dans d'autres pièces.

<table>
<tr><td>

SCÈNE PREMIÈRE.

MARTHE, *seule.*

(*Au lever du rideau, Marthe attise le feu, puis range les gamelles sur les tables.*)

Bientôt sept heures, et Mademoiselle qui ne vient pas !.. ça commence à m'inquiéter. (*Elle va au bahut ; Chopard frappe au carreau de la porte d'entrée.*)

</td><td>

SCÈNE II.

MARTHE, CHOPARD.

MARTHE, *effrayée.* Qui est là ?

CHOPARD, *en dehors.* N'ayez pas peur, dame Marthe, ce n'est que moi.

MARTHE. M. Chopard, l'exempt de police... que nous veut-il donc à une pareille heure ?.. (*Lui ouvrant la porte.*) Comme vous êtes matinal aujourd'hui, monsieur Chopard.

</td></tr>
</table>

CHOPARD, *entrant un registre sous le bras*. Je vais vous dire, dame Marthe, c'est que c'était cette nuit mon tour de ronde dans le quartier. En passant devant cette bonne petite hôtellerie de *Saint-Éloy* le parfum de la soupe aux choux m'a prouvé qu'on était depuis longtemps sur pied dans la maison. Je me suis dit alors, pourquoi n'entrerais-je pas, pour faire ma vérification ce matin?.. Ça m'éviterait la peine de revenir ce soir.

MARTHE. C'est juste; mais qu'avez-vous donc à vérifier si souvent maintenant?

CHOPARD. Votre livre d'entrée et de sortie, dame Marthe, pas autre chose... Votre soupe aux choux sent bien bon... L'ordre de M. de Florac, notre nouveau capitaine du guet est que la vérification ait lieu tous les jours.

MARTHE. Voilà le livre, monsieur Chopard. Vérifiez vérifiez. Mais il s'occupe vraiment beaucoup trop de nous, votre capitaine; et je vous demande un peu pourquoi?

CHOPARD. Qui sait?.. C'est peut-être à cause des jolis yeux de l'hôtesse.

MARTHE. Comment?

CHOPARD. Je ne dis pas ça pour vous, dame Marthe.

MARTHE. Pardine!

CHOPARD. Je dis ça pour mademoiselle Catherine, la charmante petite mère des nouveaux compagnons orfèvres... Est-ce qu'elle n'est pas encore levée!

MARTHE. Non, pas encore. (*A part.*) Ah çà, il ne s'en ira donc pas? (*Haut.*) Est-ce que vous n'avez pas fini votre vérification?

CHOPARD. Si fait, si fait, dame Marthe, tout est en règle, et je... (*S'arrêtant.*) Je mets en fait, tenez, qu'il n'y a pas dans Paris une seconde hôtellerie, où l'on fasse d'aussi bonne soupe aux choux... à en juger par le fumet, elle doit être cuite à point, n'est-ce pas?

MARTHE. Oui, je le crois. (*A part.*) Allons, c'est fini, il ne s'en ira pas sans en avoir tâté. (*Haut.*) En voulez-vous une écuelle monsieur Chopard?

CHOPARD. Moi... Ce n'est pas pour ça que j'en parlais au moins.

MARTHE, *lui en donnant une écuelle*. Je sais bien, je sais bien; mais c'est égal, mangez toujours.

CHOPARD, *mangeant*. Qu'est-ce que c'est que ça?

MARTHE. Quoi donc?

CHOPARD. On dirait que votre grand bahut a remué tout seul.

MARTHE. Par exemple!.. C'est le froid qui vous a saisi, monsieur Chopard, et qui vous fait voir des papillons bleus... Mangez, mangez, ça vous remettra.

CHOPARD, *s'asseyant*. Il m'avait pourtant bien semblé...

MARTHE, *à part*. Elle est là! (*Haut.*) Mangez vite surtout, car les compagnons vont descendre.

CHOPARD, *se dépêchant*. Déjà?.. Vous croyez?..

MARTHE. Oui, et peut-être qu'ils vous feraient encore des misères.

CHOPARD. Le fait est qu'ils sont généralement peu révérencieux envers nous... Votre filleul, monsieur Henri, surtout!.. Veillez bien sur ce jeune drôle, je vous le conseille, si vous ne voulez que d'un moment à l'autre, il n'attire à cette maison quelque méchante affaire.

MARTHE. Comment? que signifie?..

CHOPARD. Je n'entends, je n'entends... serviteur, dame Marthe... Je dirai au capitaine Florac que je suis très-content de votre soupe... non, de la tenue de vos livres.

MARTHE, *le reconduisant*. Vous êtes bien bon, monsieur Chopard. Vous êtes vraiment trop bon. (*Au moment où elle referme la porte du fond sur M. Chopard, le bahut est poussé en avant et Adéline paroît couverte d'un grand mantelet noir à capuchon. Elle repousse ensuite le bahut à sa place.*)

MARTHE. Ah! vous v'là donc enfin!..

ADÉLINE. Chut!.. (*Elle sort vivement par la porte de gauche, vis-à-vis le bahut. Tout ce mouvement s'exécute sur la ritournelle du chœur d'entrée des compagnons, qui descendent l'escalier.*)

SCÈNE III.

MARTHE, EUSTACHE, TOTO, JÉRÔME, PLUSIEURS AUTRES COMPAGNONS ET APPRENTIS, *puis* LA TORTUE.

CHŒUR.

Air nouveau de M. Oray.

Allons,
Compagnons,
À l'œuvre ayons
Tous bon courage!
Égayons l'ouvrage,
Par le refrain de nos chansons.

TOTO, *regardant les tables*.

Mangeons d'abord;
Quand on sommeille,
L'appétit dort;
Mais, ô merveille!
En même temps qu' nous il s'réveille.
La faim, la soif, c'est not' tambour,
Qui bat la danse, au point du jour!

CHŒUR

Allons, compagnons, etc.
(*La Tortue entre lentement et en bâillant.*)

JÉRÔME. Eh! arrivez donc, père La Tortue!

LA TORTUE. Voilà, voilà.

TOTO. Hein? comme il s'presse!.. j'paye bouteille à qui pourra prouver qu'il l'a vu courir une seule fois d'puis qu'il est dans l'compagnonnage.

LA TORTUE. A quoi qu' ça sert de courir? Les jambes s'usent bien assez vite sans ça.

Air : *Amis, voici la riante semaine.*

Quand il s'agit de donner un' taloche,
Quand il s'agit d' boire un' pint' de vin vieux,
Quand il faut mettr' la main au fond d' la poche,
Pour soulager l'infirme ou l' malheureux,
J' pars à mon heur', jamais je ne me presse;
Mais je n' flân' pas, et d' plus d'un lapin
Mon pas d' tortue enfonce la vitesse,
Et j' touch' le but, qu'il n'est qu'à moitié ch'min.

Voyons, Toto, la soupe est-elle trempée?
TOTO. Non, père La Tortue, pas encore.
LA TORTUE. Tu vois donc bien que j'arrive pas trop tard... C'est toi, qu'es arrivé trop tôt... Toto. (*Il passe à la place de Henri un tablier et des outils.*)
TOTO. Ceci vous représente, pour le moment, le camarade Henri.
JÉRÔME. Il ne descend donc pas?..
LA TORTUE. Apparemment qu'il a ses raisons pour ça.
TOTO. Oh! ses raisons! Il est bon là l' père La Tortue!.. S'il ne descend pas c' matin, c'est parc' qu'il n'est pas monté hier soir... la v'là, la raison... Monsieur a couché en ville.
LA TORTUE. Veux-tu bien te taire, bavard! Si la petite mère Catherine t'entendait, c'est encore un galop qui lui r'viendrait à c' pauvre garçon...
JÉRÔME. En est-il coiffé d' son Henri, hein!..
LA TORTUE. Dame! un camarade de lit qui découche presque tous les jours, ça a bien son charme, surtout quand il a l'habitude de donner des coups de pied en dormant.
TOTO. Avec ça qu'il se gêne pour en distribuer les yeux ouverts!
LA TORTUE. Et pourquoi se gênerait-il, galopin, si cet exercice est nécessaire à sa santé?

Air de *Turenne.*
Il n'est pas d' meilleur camarade,
Quoiqu'il soit très-mauvais coucheur;
Aussi dans l' lit quand il m' lâche un' ruade,
J' lui pardonne de bon cœur (*bis.*)
Il a l' pied vif, et la main prompte;
Vaut bien qu' ça serve, et la nuit c'est mon tour;
Mais s'il découche, à d'aut's pendant le jour
Il r'pass' ça, pour régler son compte;
Il faut bien qu'il retrouv' son compte.

TOTO. Oui, et pendant qu'il retrouv' son compte, faut qu' vous fassiez son ouvrage, vous.
LA TORTUE. Est-c' que ça te regarde, toi? Si je l' fais, c'est parce que j' sais qu'il aime la besogne bien faite... et puis, pour que la mère ne s' fâche pas contre lui.
EUSTACHE. Elle, se fâcher contre son benjamin!
LA TORTUE. Son benjamin... son benjamin... est-ce que nous n' le sommes pas tous ses ben-

jamins, mauvaise langue! Est-ce qu'elle n'a pas d' bons conseils, des s'cours et des consolations pour tous ceux qui en ont besoin? Dites donc, dame Marthe, est-ce qu'elle n'est pas encore levée notre bonne petite mère?
MARTHE. Par exemple! elle est là dans la chambre à côté, qui vérifie vot' linge que la blanchisseuse a rapporté hier soir.
LA TORTUE. Oui, pour s'assurer s'il n'y a pas queuqu' reprise à faire, queuqu' accroc à rafistoler!... Tu vois, Eustache, tout lui passe par les mains.
TOTO. La v'là! la v'là!

CHŒUR.

Air du *Roi d'Yvetot* (Final Foire aux Idées, quatrième numéro. Prologue.)

Honneur à la mère, honneur!
Respect et reconnaissance!
Car en ces lieux sa présence
Pour tous est un bonheur!

SCÈNE IV.

LES MÊMES, ADELINE.

ADELINE, *allant se placer près de la cheminée.* Bonjour, mes amis, bonjour... Allons, à la soupe! Fais l'appel, Marthe.
MARTHE. Oui, mère. (*Appelant.*) Jérôme!
JÉRÔME. Présent. (*Il approche avec son écuelle qu'Adeline remplit de soupe.*)
ADELINE. Jérôme, la discussion qu' vous aviez avec vot' patron est-elle terminée?
JÉRÔME. Oui, mère, et même, après avoir lu votre lettre, il m'a remis un écu de plus que je ne réclamais.
ADELINE. Et qu'avez-vous fait de cet écu?
JÉRÔME. Je l'ai gardé pour que vous puissiez mettre un peu plus d' viande dans la soupe des pauvres. La v'là.
ADELINE. Merci pour eux, Jérôme. Vous êtes un brave garçon, et Dieu vous bénira. (*Elle lui tend la main qu'il porte à ses lèvres.*)
JÉRÔME, *en retournant à sa place.* Ne faites donc pas l' bien, quand on vous en paie comme ça!...
MARTHE, *appelant.* Colas!
COLAS, *s'approchant.* Présent.
ADELINE. Colas, j'ai payé c' que vous deviez au carreleur, parce que c'est honteux pour un compagnon d'avoir de pareilles dettes. Vous m' rendrez ça sur votre semaine.
COLAS. Oui, mère.
LA TORTUE. Attrape, mauvaise paie!
MARTHE, *appelant.* Toto!
TOTO. Voilà.

ADELINE. En quittant hier l'atelier, monsieur Toto, vous avez fait une commission.

TOTO. Dame!... puisque mon ouvrage était finite...

ADELINE. L' mal n'est pas d'avoir fait la commission, mais d'en avoir reçu l' prix d'une bonne femme qui n'est guere plus riche que vous, vous l' savez. Dans c' cas-là, Monsieur, on doit s' trouver assez payé par le plaisir d'obliger. Pour vous punir, je n' recevrai rien d' vous pendant quinze jours, pour la soupe des pauvres.

TOTO. Oh! n' vous fâchez pas, mère Catherine, et r'cevez au moins les douze sous d' la bonne femme... c'était pour jouer à la poussette... mais au fait, ça sera mieux placé comme ça.

ADELINE. Allons, c'est bien, j' vous pardonne, mais ne r'commencez pas.

TOTO. Non, non, j' vous l' promels.

LA TORTUE, aux autres. Il n'y a pas à dire, elle sait tout.

MARTHE, appelant. François!... Eustache!... Claudin! (Ils répondent tous: présent! et s'approchent.)

ADELINE. Vous êtes encore bien faible, François; vous n'avez pu faire que la demi-journée depuis vot' sortie de l'hospice... et vot' pauvre mère est malade au pays. (Lui remettant deux écus.) Tenez, envoyez-lui ça.

FRANÇOIS. Oh! comme elle va prier pour vous!

ADELINE. C'est à vous, mon ami, à vot' bonne conduite qu'elle doit toutes ses bénédictions. — Monsieur Claudin!

LA TORTUE. Je suis servi, mère, je suis servi.

ADELINE. Il ne s'agit pas d' ça. Qu'avez-vous donc fait d' vot' camarade de lit?

LA TORTUE. Henri?

ADELINE. Oui, M. Henri.

LA TORTUE, à part. Elle l'appelle monsieur, ça va mal. (Haut.) Est-ce qu'il n'est pas là, Henri?

ADELINE. Vous l' savez bien, et j' vous demande où il est?

LA TORTUE. Je vas vous dire, mère... Vous êtes contrariée de n' pas l' voir, n'est-ce pas?.. avec ça que la soupe est si bonne!.. et justement, la soupe aux choux, celle qu'il préfère... Le fait est que quand c'est refroidi, la soupe... aux choux surtout!..

ADELINE. Père La Tortue, vous vous embrouillez...

LA TORTUE. Vous croyez... c'est que... imaginez, mère, qu'en rentrant hier soir, le pauvre garçon avait la tête un peu lourde...

ADELINE. Ah!..

LA TORTUE. Oui, le bourdon de Notre-Dame avait sonné toute la soirée... et ça lui avait laissé des... des bourdonnements dans les oreilles... c'est tout simple... si bien que ce matin, dès le potro-minette, il est sorti pour aller prendre l'air,

sur le bord de l'eau... toujours à cause de ses bourdonnements.

ADELINE. Vraiment!... Vous n' savez pas mentir, père La Tortue.

LA TORTUE. Ça, c'est vrai... aussi jamais, au grand jamais!..

ADELINE. C'est bien, c'est bien, j' m'en expliquerai avec lui plus tard.

LA TORTUE, aux autres. Pauvre Henri! il ne l'échappera pas!... L' bourdon n'a pas pris.

ADELINE. Allons, Marthe, au tour de nos pauvres maintenant. Aide-moi à porter la marmite. (Adeline et Marthe emportent la grande marmite dans la chambre voisine.)

REPRISE DU CHOEUR.

Honneur à la mère, honneur! etc.

SCÈNE V.

LES MÊMES, moins ADELINE et MARTHE.

EUSTACHE, qui a suivi Adeline jusqu'à la porte. C'est étonnant tout d' même!

LA TORTUE. Quoi? qu'est-c' qui t'étonne encore, toi, mossieu Eustache?...

EUSTACHE. Dame, père La Tortue, depuis hier seulement que je suis des vôtres, vous n' devez pas trouver surprenant que je n' comprenne pas très-bien ce que personne ne m'a encore expliqué.

LA TORTUE. Eh bien! voyons, viens t'asseoir là, curieux, et tout en mangeant la soupe, dis-nous c' que tu veux comprendre.

EUSTACHE, se plaçant à sa table. Ce qui m'interloque un peu d'abord, c'est que d'ordinaire, les mères des compagnons c'est généralement des femmes d'âge, et d'habitude pas belles... exemple, la mère des maréchaux ferrants, ici près, qu'a un nez comme une enclume et des clous plein la figure.

LA TORTUE. Et ça te chiffonne que la nôtre soit une jeunesse fraiche et belle comme une sainte Vierge?

EUSTACHE. Ça ne me chiffonne pas du tout, au contraire... je dis seulement que ça m'interloque.

LA TORTUE. Ah dame! c'est toute une histoire, ça, garçon... et un peu entortillée. C'est égal, écoute bien, et tu finiras peut-être par comprendre. Il n'y a guere plus de deux ans, vois-tu, que la corporation des braves ouvriers orfèvres s'est formée en compagnonnage, au nez et à la barbe de bien des mains qui voulaient l'empêcher.

EUSTACHE, la bouche pleine. Ah!

LA TORTUE. Il y avait d'abord les disciples de saint Crépin qui prétendaient que c'était tout exprès pour eux, et pour eux seuls que Salomon avait bâti le temple de la Sagesse.

EUSTACHE. Comprends pas.

LA TORTUE. C'est que t'as pas l'âge; ça n'fait rien... Il y avait encore les charpentiers, les menuisiers, les forgerons, tout un tremblement, quoi, qui voulaient aussi l'temple pour eux seuls... si bien qu'pour en avoir not'part, il a plus d'une fois fallu en découdre, là... v'lan! v'lan! (*Il lui lance un coup de poing.*) Comprends-tu?

EUSTACHE. Ça, oui, j'comprends... oye!.. mais pas l'reste.

LA TORTUE. C'est qu'tas pas l'âge; ça n'fait rien... Enfin on en a décousu, décousu, décousu!... si bien qu'nous avons fini par attraper un rayon de la voûte et un pavé du temple... tu comprends?

EUSTACHE. La voûte et le pavé? Pas du tout.

LA TORTUE. Ça n'fait rien. Je poursuis. Quand une fois nous avons été tous ensemble maîtres des autres, v'là qu'chacun d'nous a voulu être le maître tout seul dans la coterie. Henri, qui a toujours eu une tête qu'un marteau d'acier n'entamerait pas, tenait bon pour défendre ses idées; si bien qu'on était sur le point de se talocher ferme, entre z'amis, quand une superbe particulière, qui avait l'air d'une reine déguisée en femme du peuple, sortant on ne sait d'où, parut tout à coup au milieu de nous pour nous séparer.

EUSTACHE. Mais c'est un conte de fée, ça!

LA TORTUE, *déclamant.* Mes amis, nous dit-elle, je vous connais, je vous connais tous, sans être connue de vous.

EUSTACHE. C'est toujours commi' ça avec les fées.

LA TORTUE. Je connais le motif de vos querelles, vos affaires, vos désirs, vos intérêts. Ayez confiance en moi, je puis tout calmer, tout assurer, tout régler pour le bien de chacun, et vous rendre heureux. Compagnons, voulez-vous de moi pour votre mère?

EUSTACHE. C'est à ne pas croire!

LA TORTUE. Nous nous regardions tous, tout ébahis, en l'écoutant... sa voix était si douce, sa figure si bonne et si belle! C'était la paix, c'était l'bonheur qui nous arrivait avec cette sainte femme... not' réponse ne s'fit donc pas attendre. Ce n'fut qu'un seul cri: vive la mère!... Alors Henri lui demanda son nom... sa jolie bouche sourit, et dit: je me nomme Catherine. Vive donc la mère Catherine! que nous criâmes tous de plus belle!.. De c'moment-là... notre république se changea en monarchie, et notre mère, une vraie reine du bon Dieu quoi, une reine respectée, aimée, obéie de tous, a installé son trône dans c'te petite hôtellerie de Saint-Eloy, où elle a tenu largement toutes les promesses qu'elle nous avait faites, jusqu'au jour....

EUSTACHE. Eh ben, qu'est-c' que vous avez donc, père La Tortue?

LA TORTUE. J'ai.... ah! c'est plus fort que moi, j'peux pas penser à c'jour-là.... sans qu'mon cœur soit tout bouleversé.... et que mes yeux.... attends, laisse-moi boire un coup, pour me r'mettre.... (*Il avale un verre de vin.*) Là, v'là c'que c'est.... Un jour donc la mère Catherine ne s'montrant pas, nous d'mandons à la vieille Marthe où c'qu'elle est... Soyez tranquilles, dit-elle, elle est allée à son pays, pour affaires; vous la r'verrez bientôt... Une semaine se passe ainsi et l'inquiétude commençait à nous gagner ferme, quand un matin, en descendant pour la soupe, nous voyons là... à c'te même place... au lieu de la mère que nous y cherchions, une belle jeune fille tout en noir, et qui nous r'gardait en essuyant ses larmes.... Eh ben, et la mère donc, que nous lui disons tous?

Air: *Dis-moi, mon vieux, t'en souviens-tu?*

> N' l'attendez plus, amis, nous répond-elle;
> Dieu l'a rapp'lée, hier, auprès de lui!...
> Le saint devoir qu'accomplissait son zèle
> Me r'garde seule, à compter d'aujourd'hui.
> Pour faire à tous le bien qu'ell' voulait faire,
> De son exemple, ici, je m'inspirai,
> Aimez-moi donc, comm' vous aimiez ma mère,
> Et moi, comme elle, enfants, j' vous aimerai!

C'était tout simple, tout uni... ça v'nait du cœur et ça allait au cœur... Elle pleurait, nous pleurions... Elle s'appelait Catherine comme la pauvre défunte... Elle lui ressemblait, comme un ange à un ange.... et d'jour en jour nous avons pu r'connaître qu'elle lui r'semblait bien mieux encore par l'âme que par la figure, et d'jour en jour, nous l'avons aimée, respectée davantage... voilà... comprends-tu maintenant?

EUSTACHE. Oui, j'commence.

TOTO. C'est bien heureux!... t'nez, père La Tortue, j'crois, sans comparaison, qu'son esprit n'est guère plus vif que vos jambes... si celui-là court jamais!

EUSTACHE. Qu'est-ce que tu dis, Roquet?

TOTO. Roquet!... Roquet, vous même, entends-tu, l'intru!

EUSTACHE. Ah! tu m'insultes!... attends!...

***

SCÈNE VI.

LES MÊMES, ADELINE, MARTHE, *portant un paquet de linge.*

ADELINE, *en entrant.* Qu'est-ce que c'est... une dispute?

LA TORTUE. C'est rien, mère, c'est rien... c'est Toto, qui disait les grâces... et Eustache qui répondait amen! v'là tout.

ADELINE. Ah! monsieur Toto s'en mêle.

TOTO. Mais dame, puisque...

ADELINE. Assez.

TOTO. Oui, mère.

ADELINE. Et M. Henri n'est pas encore rentré?

LA TORTUE. Il s'ra sans doute allé directement à l'atelier en quittant l'bord de l'eau... et nous allons faire comme lui... Mais dites donc, si par hasard... ses bourdonnements... ou autre chose le faisaient repasser par ici, ne l'grondez pas trop, hein... Nous vous en prions tous.

ADELINE. C'est bien, c'est bien, je sais ce que j'ai à faire.

LA TORTUE, *aux autres.* Filez, le temps est à l'orage. Moi, je remonte là-haut, pour cause à moi connue. (*Les compagnons reprennent leur chœur d'entrée :*)

> Allons, compagnons,
> A l'œuvre, ayons
> Tous bon courage! etc.

> (*Ils sortent.*)

SCENE VII.

ADELINE, MARTHE.

ADELINE. Voyons, ma bonne Marthe, asseyons-nous et travaillons.

MARTHE. Oui, Mam'selle. (*Adeline prend une serviette et y fait une reprise.*)

ADELINE. Qu'est-ce que tu tiens là?

MARTHE. Une chemise de ce pauvre Henri... qui est un peu déchirée...

ADELINE. Un peu.... mais elle l'est du haut en bas.

MARTHE. En travaillant, sans doute.

ADELINE. Ou en se battant plutôt... il ne fait que cela.

MARTHE. Dame Mam'selle, si on l'attaque...

ADELINE. Marthe!... décidément tu le gâtes trop M. ton filleul... tu l'excuses toujours... Et cela empêche tout l'effet de mes remontrances, de ma sévérité.

MARTHE. Je l'aime tant ce pauvre chéri!...

ADELINE. Ne l'aimai-je donc pas, moi?... Et c'est parce que je l'aime que je veux qu'il se corrige.

MARTHE. Oh! il se corrigera, il se rangera, soyez-en sûre,... quand ce ne serait que pour ne pas vous faire de la peine... Il vous aime tant aussi, lui!

ADELINE. Eh bien, qu'est-ce que tu fais donc?

MARTHE. Je vous regarde... et en vous voyant coudre là, comme une simple et bonne ouvrière, je me dis: qu'est-ce qui pourrait pourtant croire que cette belle jeune fille qui travaille de si grand cœur dans une pauvre petite hôtellerie d'ouvriers compagnons, est une demoiselle de noble race, l'unique héritière d'un contre-amiral...

ADELINE, *souriant.* Que n'ajoutes-tu tout de suite: la fille du marquis de Grandschamps, propriétaire du riche hôtel de la rue voisine, d'où elle s'échappe tous les matins, par une issue secrète qui aboutit derrière ce vieux bahut, pour venir accomplir ici le dernier vœu de sa mère.

MARTHE. Bonté divine! mais si on en savait seulement le premier mot, tout serait perdu, ma pauvre enfant!...

ADELINE. Voyons, voyons, calme-toi. Nous n'avons rien à craindre à ce sujet. L'absence de mon père, retenu au loin, depuis plus de deux ans, sur les flottes du roi, me laisse libre et maîtresse dans l'hôtel. Sortie du couvent, dans les derniers jours seulement de la cruelle maladie de ma mère, personne, dans le voisinage, ne connaît la fille du marquis de Grandschamps. Le deuil que le ciel m'a envoyé autorise et justifie aux yeux de tous la retraite absolue à laquelle je parais m'être vouée. Pour les gens de l'hôtel enfin, tout le temps que je passe ici, je suis censée le passer enfermée dans mon appartement, avec toi, la vieille nourrice de leur défunte maîtresse, et la femme de charge de la maison. Ainsi, tout est prévu, calculé...

MARTHE. Sans doute, mais à présent, que le prochain retour de M. le marquis vous est annoncé...

ADELINE. Sois tranquille, mon père n'arrivera pas à l'improviste; sa dernière lettre me le dit positivement. (*Elle tire une lettre de riches tablettes à fermoir d'or.*) Après m'avoir annoncé qu'il approuve tout ce que ma mère avait projeté relativement à mon mariage avec M. Édouard de Verneuil, que ses devoirs militaires ont éloigné de Paris depuis ma sortie du couvent, il ajoute qu'il me le présentera lui-même à son retour, et que notre union aura lieu tout aussitôt... Cher Édouard! quel bonheur de vous revoir après une si longue séparation!... Mon père m'a dit ensuite qu'un nouveau courrier m'indiquera le jour précis et l'heure de son arrivée... Ce courrier n'est pas encore venu, rassure-toi donc. Ce qui me tourmente, moi, ce qui me chagrine par-dessus tout, c'est de n'être pas certaine de pouvoir, avant qu'il arrive, écrire ici à ma mère...

MARTHE. À votre mère!

ADELINE. Oui, sur ces tablettes qui furent les siennes, et où, tous les soirs, comme si je me confessais à Dieu même, je lui rends compte de ce que j'ai fait chaque jour pour l'accomplissement de son vœu. Ma crainte la plus vive, je le répète, est de ne pouvoir, avant de quitter pour toujours nos braves enfants d'adoption, écrire là : « Soyez « contente au ciel, ma mère; le plus saint de « vos désirs est rempli, notre Henri est enfin ce « que vous vouliez qu'il fût. »

MARTHE. Comment, vous parlez là de Henri?

ADELINE. De lui, de toi, de tout ce qui m'est précieux et cher!... Vois.

MARTHE, *ouvrant les tablettes et lisant.*

« PREMIÈRE JOURNÉE. Au moment de vos plus cruelles souffrances, ma mère, quand déjà vos yeux ne voyaient plus que dans le ciel... vos paroles entrecoupées exprimaient un regret... un remords... Marthe était là... Je tombai à ses genoux... Tu sais le secret de ses dernières douleurs, toi... Marthe, je t'en supplie, dis-moi ce secret..., dis-moi quel était son vœu, pour que je puisse le remplir!... Marthe hésita longtemps; mais enfin, vaincue par mes larmes, elle me dit : « Peu de temps avant son mariage avec le marquis de Grandschamps, une proche parente, la meilleure amie de votre mère, la fit appeler, et après lui avoir fait jurer un secret inviolable... »

ADELINE, *se levant pour aller chercher d'autre ouvrage sur la table.* C'est bien ce que tu m'as dit, n'est-il pas vrai?

MARTHE. Oui, sans doute. (*À part.*) Ah! ce mensonge ne peut être un péché, mon Dieu! Vous savez pourquoi je l'ai fait!

ADELINE, *vérifiant les serviettes.* Eh bien! tu ne lis plus.

MARTHE. Si fait, si fait. (*Reprenant sa lecture.*) «La malheureuse jeune fille, qui succombait à la terreur et au repentir, lui révéla que fatalement égarée, séduite, elle avait donné le jour à un enfant... qui fut appelé Henri, du nom de son père en fuite... que pour sauver l'honneur de la famille, on lui enleva cet enfant, malgré ses supplications, et on le fit disparaître... Votre mère promit alors à son amie mourante de ne rien épargner pour retrouver le pauvre orphelin, de veiller ensuite sur lui, et de lui assurer au moins, dans l'obscurité à laquelle le condamnait sa naissance, un sort tranquille et heureux. L'orphelin fut retrouvé, c'était un simple ouvrier orfèvre... C'était Henri... (*Pleurant.*) Mon bon Henri!.. »

ADELINE. Eh bien, qu'as-tu donc?.. (*Reprenant les tablettes.*) Donne... Pauvre Marthe!... te voilà tout en larmes et troublée, comme au moment où tu me parlais près du lit de mort de ma mère... Dans tout ce que nous avons fait l'une et l'autre, depuis ce triste jour, il n'y a rien qui, devant Dieu, puisse nous mériter un reproche, n'est-ce pas? Instruite par toi de ce qu'avait déjà fait ma mère elle-même, pour l'accomplissement de sa promesse, sachant que l'unique cause de son désespoir, à son heure suprême, était de n'avoir pu, avant de mourir, mener à bien la sainte tâche qu'elle s'était imposée, j'ai juré, moi, juré sur le Christ et sur ses mains glacées, de la remplacer dans l'accomplissement de cette bonne œuvre, et de garder comme elle le secret qui lui avait été confié. Ce serment, grâce à ton dévouement, Marthe, et avec l'aide du ciel, j'ai pu le tenir religieusement jusqu'ici, et je ne me repentirai de rien, je serai heureuse de tout au contraire, si du moins notre Henri... Qui donc est arrêté à notre porte?

MARTHE, *regardant.* C'est la petite Mariette, la fille de son patron, sa promise... Elle le cherche sans doute, et n'ose entrer.

ADELINE. Fais-la venir et cachons-lui bien quelles inquiétudes nous cause encore cet étourdi. (*Marthe va ouvrir à Mariette, et revient faire un paquet de tout le linge qu'elle reporte ensuite dans la chambre voisine*).

SCÈNE VIII.

LES MÊMES, MARIETTE.

MARTHE. Entrez, entrez, mon enfant... C'est la mère sans doute que vous vouliez voir.

MARIETTE. La mère, oui, dame Marthe, oui... bonjour, mère Catherine.

ADELINE. Bonjour, Mariette. (*À ce moment Marthe sort avec le linge, et La Tortue paraît au haut de l'escalier*).

SCÈNE IX.

ADELINE, MARIETTE, LA TORTUE.

ADELINE. Qu'est-ce donc qui vous amène comme ça dans notre quartier, hein?

MARIETTE. Mais... le plaisir de vous voir, mère Catherine.

ADELINE. Merci... C'est ben gentil d' vot' part... mais, parlons franchement, est-c' qu' Henri n'est pas aussi pour quelqu' chose dans vot' visite?

MARIETTE. Dame...

ADELINE. Vous l' cherchiez, n'est-ce pas?

MARIETTE. Eh bien, oui, au fait, j' puis en convenir avec vous, puisque vous savez que j' l'aime... et j' puis convenir aussi que j' l'aime avec tout le monde, puisque, grâce à la lettre que vous lui avez écrite, mon père me l'a encore une fois permis. Henri n'ayant pas paru ce matin à l'atelier, ça m'a inquiétée, c'est tout simple, et, sans rien dire à personne, je suis vite accourue jusqu'ici pour savoir... s'il n'est pas malade, c' pauvr' garçon!

ADELINE. Malade, non... mais... il a eu une course à faire pour moi... C'est ce qui l'a retardé.

LA TORTUE, *à part.* Bon! la v'la qui ment aussi pour lui... Digne femme, va!

MARIETTE. Une course pour vous? à la bonne heure, v'la une excuse qui s'ra valable pour mon pere... Ah! dame! c'est qu'il lui faut des bonnes excuses à mon père, quand on manque l'ouvrage... avec ça qu' malgré vot' certificat il n'a pas encore une bien grand' confiance dans les reliques de not' bon Henri.

LA TORTUE, à part. Un vieil entêté, quoi!

MARIETTE. Il a exigé un nouveau mois d'épreuve, un mois d'sagesse continue, de conduite irréprochable, avant de donner son consentement définitif. J'ai eu beau lui dire que c'était bien long un mois... celui-ci surtout!...

LA TORTUE, à part. C'est clair... si c'était février encore.

MARIETTE. Il n'a pas voulu en démordre... Et comme nous ne sommes qu'au quinzième jour, j'ai eu bien peur...

ADELINE, à part. Et moi donc!

MARIETTE. Hein?

ADELINE. Rien... Je dis que tu peux t'rassurer, ma petite Mariette... qu'il n'est rien arrivé à Henri qui soit de nature à mécontenter sérieusement ton père... Tiens, pendant que tu es ici, il s'est déjà rendu à sa b'sogne sans doute.

LA TORTUE, à part. C'est ça, mens, mens toujours,] prends l'péché pour moi.

MARIETTE. C'est que c'n'est pas tout. Il y a encore une autre épreuve que mon père a exigée... Henri devait lui rapporter, aujourd'hui même, un beau bracelet d'or cisélé, qu'il avait promis d'achever ici le soir après sa journée faite à l'atelier, pour bien prouver son talent d'abord, et puis son amour vrai du travail.

ADELINE, à part. Et il ne l'a pas commencé, peut-être!

MARIETTE. Tiens, qu'est-ce que je vois donc là?... on dirait son tablier.

LA TORTUE, qui a descendu l'escalier à pas de loup. Pardon, excuse, not' petite bourgeoise, c'est le mien.

MARIETTE. Mais il y a un H sur la boucle.

LA TORTUE. Un H c'est bien ça... ça veut dire Auguste... mon nom d'baptême.

ADELINE, souriant, à part. Par exemple! (Haut.) Comment, vous étiez resté ici, père La Tortue?

LA TORTUE. Resté ici, du tout... Seulement, je dois reconv'nir que j'y suis r'venu... j'y suis r'venu, parce que... ayant su que mam'selle Mariette y était... j'voulais lui r'mettre cet ouvrage de la part d'Henri.

MARIETTE, avec joie. Le bracelet, voyons!

ADELINE, regardant La Tortue, à part. C'est lui qui l'a fait.

MARIETTE. Oh! que mon père sera content!.. Regardez donc, mère Catherine, quel beau travail!.. J'étais bien sûre qu'Henri n'aurait pas négligé ça!

LA TORTUE. Lui, négliger l'ouvrage promis, c'plus souvent!

ADELINE, bas. Vous mentirez donc toujours, La Tortue?

LA TORTUE, de même. Dame, la mère, c'est pour suiv' vot' exemple... mais crai, je, vous vous en acquittez mieux qu' moi.

ADELINE, Chut!.. (Lui serrant la main.) Excellent homme!

MARIETTE. V'nez avec moi, La Tortue; allons bien vite porter ça à mon père, pour qu'il sache comme Henri tient ses promesses!

LA TORTUE. C'est ça, oui, partons.

ADELINE.

Air de Couder (Final de la Première journée des Sept billets.)

Au revoir! (bis.)
Ayez bon espoir,
Puisqu'Henri
Est choisi
Pour votre mari,
Soyez sûr' que son cœur
Mérit'ra son bonheur,
Et s' montrera, je l'crois,
Docile sous vos lois.

Son caractère ardent
Est plus calme à présent
Sous ma mère déjà,
La réform' commença,
Et cett' réforme-là
L'amour l'achèvera!

ENSEMBLE.

Au revoir, etc.

MARIETTE.

Au revoir,
Oui, j'ai bon espoir,
Mon Henri
Si chéri
Sera mon mari!
Par mes soins, ma douceur,
Je ferai son bonheur,
Et son cœur, je le crois,
S'ra docile à mes lois.

LA TORTUE.

J'allons l'voir,
Ayez bon espoir,
Puisqu'Henri
Est choisi
Pour votre mari,
Soyez sûr' que son cœur
Mérit'ra son bonheur
Et s'ra content, je crois,
De vivre sous vos lois!

(Mariette sort avec La Tortue.)

SCÈNE X.

ADELINE, seule. Excellent petit cœur!.. Ma mère ne s'était pas trompée en jetant les yeux sur elle... Oui c'est bien là la femme qui peut rendre heureux notre cher Henri!..

SCENE XI.

ADELINE, LE CAPITAINE DU GUET.

LE CAPITAINE, *au fond.* Elle est seule... bravo!

ADELINE, *allant au bahut.* Oh! comme je le gronderai ce mauvais sujet-là!

LE CAPITAINE. Salut à la charmante petite mère des compagnons orfèvres!

ADELINE, *effrayée.* Hein?

LE CAPITAINE. Ne vous effarouchez pas, Mignonne... Cé n'est qué moi, Florac, lé plus humblé, quoiqué lé plus incandescent de vos admirateurs!

ADELINE, *froidement, en lui faisant la révérence.* Je suis bien vot' servante monsieur l'capitaine. Qu'y a-t-il pour votre service?

LE CAPITAINE. Comment, sandis! vous né lé devinez pas?

ADELINE. Franchement, non... à moins que ce ne soit pour vérifier notre livre... Mais M. Chopard, votre exempt, étant déjà venu c'matin, il me semble...

LE CAPITAINE. Lé livré, lé livré... vous savez bien, friponne, qué cé n'est pas pour des livres que jé viens ici.

ADELINE. Alors, Monsieur, je n'comprends pas pourquoi ce peut être.

LE CAPITAINE. Parce que vous ne voulez pas comprendre, méchante.

ADELINE. Pardon, monsieur l'capitaine... Mais j'allais sortir.

LE CAPITAINE. Vous, sortir... Mais vous ne mettez jamais le pied dehors... Ce que, par parenthèse, beaucoup de gens trouvent un peu louche.

ADELINE. Et en quoi donc, s'il vous plaît?

LE CAPITAINE. Si une jeune et charmante fille comme l'hôtesse de *Saint-Éloy,* disent les mauvaises langues, au lieu de promener de temps en temps sa beauté par la ville, se condamne à une retraite si absolue, c'est qu'apparemment, elle a tout ce qu'il lui faut sous la main, à domicile.

ADELINE, *oubliant.* Ceux qui disent cela, Monsieur, sont des misérables, et avant de le répéter, vous auriez dû vous rappeler à qui vous parliez ici.

LE CAPITAINE. Oh! oh! encore nos grand airs de princesse!... C'est bon, c'est bon, on sait ce qu'on sait... et ce qu'on sait, c'est que vous né tenez pas la dragée si haute à tout le monde, ma mie!..

ADELINE. Monsieur!..

LE CAPITAINE. Allons, allons, convenez qué vous en rabattez un peu de ces grands airs avec votre mignon, votre favori, votre benjamin, le beau Henri, n'est-ce pas?

ADELINE. Quelle indignité!

LE CAPITAINE. Oui, c'est une indignité dé préférer un drôle dé cette espèce, un quasi vagabond, sans nom, sans conduite, à un galant dé noblé souche, à un dé Florac pur sang, à un officier du roi, comme moi!

ADELINE. Apprenez, Monsieur, qu'Henri n'a pour moi, comme tous ses camarades, que l'estime et le respect que vous oubliez, vous, en ma présence. Il n'est pas de noble souche, soit; mais il a du moins un noble cœur, et il ne serait jamais assez lâche pour outrager une femme sans défense!

LE CAPITAINE. Prenez garde, pétite, prenez garde! Ceci sort des bornes, et vous pourriez vous en repentir!

ADELINE. Qu'ai-je donc à craindre de vous?

AIR :

Sortez, Monsieur, sortez, je vous l'ordonne.

LE CAPITAINE.

Oui, moi, sortir ! Mais, ma belle, entre nous
Vous oubliez que mon emploi me donne
Le droit d'entrer, à toute heure, chez vous,
Qu'un vil manant en soit ou non jaloux.

ADELINE.

Ah! c'en est trop ! vous courberiez la tête
S'il était là pour m'entendre insulter ;
Et ce manant arrach'rait l'épaulette
Qu'il vous jug'rait indigne de porter!

LE CAPITAINE. Ah! ah ! ah! sais-tu que tu es superbe dans la colère, ma doucé colombe... Mais il mé faut une réparation pourtant... et un doux baiser sera ma seule vengeance. (*Il prend Adeline entre ses bras et veut l'embrasser.*)

ADELINE. Marthe! Marthe! au secours!... à moi! (*Marthe paraît à la porte de droite, et au même instant Henri à celle du fond.*)

* * *

SCENE XII.

LES MÊMES, HENRI, MARTHE.

HENRI, *s'élançant sur le capitaine.* Infâme !

LE CAPITAINE, *portant la main à la garde de son épée.* Arrière, manant, arrière!

HENRI, *lui arrachant son épée.* Arrière, toi-même, misérable ! (*Il le pousse à la porte, brise son épée et en jette les morceaux dans la rue.*) Tiens, bel officier, v'là l'épée qu' le roi t'a donnée. Va lui dire quel usage tu en voulais faire, et pourquoi j' l'ai brisée!

LE CAPITAINE, *qu'on ne voit plus.* Nous nous reverrons plus tard, maraud, nous nous reverrons.

HENRI. Quand tu voudras, Mossou, mais pas ici, entends-tu bien ; car si tu franchissais encore cette porte, ce n'serait plus seulement ton épée que je casserais, j' t'en avertis!

SCÈNE XIII.

ADELINE, HENRI, MARTHE.

ADELINE. Calmez-vous, Henri, calmez-vous.

HENRI. Moi?.. mais je suis très-calme... Il file tout d' même.

MARTHE. Oui, pour aller chercher main-forte sans doute et te faire arrêter.

HENRI. Me faire arrêter... Ah! j' l'en défie bien, par exemple!..

ADELINE. Vous avez eu tort, Henri, de vous mêler de cela. La présence de Marthe suffisait pour me protéger contre cet homme. Dieu sait maintenant quel danger votre violence peut attirer sur vous!

HENRI. Il s'agit bien de danger quand on vous offense, quand on vous insulte!.. Il y a déjà long-temps que j' voyais où c' muguet d' Gascogne voulait en v'nir avec vous... C'est qu' vot' repos, mère, c'est l' n'ôtre, voyez-vous... vot' honneur, c'est not' trésor à tous!.. Soyez tranquille, allez, il n'ira s' vanter nulle part de sa belle équipée... et s'il osait s' plaindre et nous chercher noise, vous n'auriez qu'à vous présenter à monseigneur le lieutenant de police, et à lui raconter tout ce qui est arrivé. En vous voyant, en écoutant vot' douce voix, il saurait bien vite à qui il a affaire, et c' n'est pas l' parti d' son damné capitaine qu'il prendrait, soyez-en sûre.

MARTHE. Aller chez l' lieutenant de police, elle!.. Est-ce que c'est possible?

HENRI. Pourquoi donc pas? il me semble que c'est encore bien d' l'honneur qu'elle lui ferait. Il verrait d'vant lui quelqu'un d' vraiment honnête et pur; et ça l' changerait un peu, ce digne magistrat.

ADELINE. C'est bien, c'est bien... assez. Marthe tâchera de r'joindre l'exempt Chopard. C'est un brave homme qui nous veut du bien. Elle lui dira de faire comprendre au capitaine qu'il est dans son tort, et que pour éviter une plainte, il est de son intérêt de ne pas ébruiter cette affaire. (Bas, à Marthe.) Tiens, pour encourager son zèle, tu lui donneras cette bourse. Avant tout, entre à l'hôtel, et s'il y a quelque chose de nouveau, reviens me prévenir. (Haut.) Allons, va vite, ma bonne Marthe.

MARTHE. Oui, mam'selle. (Elle met son mantelet.)

HENRI. Faut que j' m'en aille aussi, moi, mère... parce que j' crois que j' suis en r'tard de quelques minutes à l'atelier.

ADELINE. De quelques minutes?

HENRI. Il y a peut-être ben quelque chose de plus, car je n' sais pas l'heure qu'il est au juste... mais c'est égal, n' vous inquiétez pas, j' réparerai l' temps perdu.

ADELINE. Il faudra, auparavant, en perdre en-core un peu avec moi; nous avons à causer ensemble, Monsieur.

HENRI, à part. Aïe! aïe! le temps se couvre...

ENSEMBLE.

Air nouveau de M. Oray.

MARTHE.

De c' méchant homm' j' crains la colère;
Oui, malgré moi, j' frémis de peur.
Puisse le ciel, en qui j'espère,
Nous préserver de tout malheur!

ADELINE.

Son imprudence et sa colère
Me font pour lui trembler de peur!
Puisse le ciel, en qui j'espère,
Le préserver de tout malheur!

HENRI.

D'vant son chagrin et sa colère,
Comme un enfant, j' tremble de peur.
Perd' l'amitié de c'te bonn' mère,
Ce s'rait pour moi l' plus grand malheur!

MARTHE, bas, à Adeline.

Voyez comme il a l'air tremblant!
Déjà, d'avance, il s'humilie;
Ménagez-le, je vous en prie,
En faveur de son dévoûment!

REPRISE DE L'ENSEMBLE.

(Marthe sort.)

SCÈNE XIV.

ADELINE, HENRI.

ADELINE. Maint'nant qu' nous v'là souls, répondez-moi, Monsieur.

HENRI. Oui, mère... comprend-on, je vous l' demande, qu'un capitaine du guet, dont l' devoir est d' veiller sur les mœurs, de protéger l'innocence...

ADELINE. Laissons là le capitaine; c'est de vous que nous avons à parler.

HENRI. Oui, mère... si pourtant le roi savait à quoi son guet passe le temps, ah ben!..

ADELINE. Le roi, à présent!..

HENRI. Mais dame! ça le regarde un peu... car enfin, s'il a créé le guet, c'est pour donner l' bon exemple, n'est-ce pas?

ADELINE. C'est possible, mais...

HENRI. C' que j'en dis, moi, vous entendez bien, c'est parc' que j' suis révolté!..

ADELINE. Et moi aussi, Monsieur, je suis révoltée.

HENRI. Contre le guet, j' crois bien!

ADELINE. Mais non, contre vous, mauvais sujet.

HENRI. Ah! c'est contre moi... j' savais pas, sans ça...

ADELINE. Vous n'êtes pas rentré hier avec les compagnons, et c'est la troisième fois que ça vous arrive, dans une semaine.

HENRI. La troisième, vous croyez... c'est égal, s'il y r'vient jamais l'capitaine gascon!

ADELINE. Ah çà, m'écouterez-vous à la fin!

HENRI. Oui, mère, oui, je vous écoute... Mais j'sais bien c'que vous avez à m'dire, allez... J'sais bien aussi que j'pourrais mentir, et vous dire, moi, que j'avais des d'voirs à remplir... que j'étais de noce, cette nuit... que j'étais garçon d'honneur... ça ou autre chose...

ADELINE. Oui, mais je ne vous croirais pas.

HENRI. C'est probable... et j'aime mieux, au fait, ne pas vous donner la peine... de ne pas me croire. Je conviendrai donc tout bonnement avec vous, que j'ai passé la nuit aux Porcherons, à boire du mauvais vin, et à chanter des chansons pas bien bonnes non plus. Voilà la chose.

ADELINE. Ah! c'est affreux!

HENRI. Oui, certainement, c'est affreux!... et c'est justement c'que je m'disais tout le long d'la route, en r'venant ici... mais c'est drôle, quand je me l'dis à moi-même ce mot-là, il ne m'fait pas l'quart de l'effet qu'il me produit, quand il sort de vot' jolie p'tite bouche... Non, parole d'honneur, quand vous êtes là, il m'semble que j'suis un tout autre homme, et que j'peux concourir avec n'importe qui pour le prix de sagesse.

ADELINE. Oui, et quand je n'y suis pas...

HENRI. Ah! dame! quand vous n'y êtes pas, j'm'oublie un peu, c'est vrai, et je r'deviens trop souvent c'que j'étais, quand, pour répondre aux s'monces de la mère Catherine première, je n'pouvais qu'lui dire :

Air de la *Prison d'Édimbourg.*

Gaîté me fait vivre,
Voilà mon refrain,
Avec ça je m'livre
Sans crainte au destin!
Tra, la, la, la.....

Jeté dans la foule,
Enfant du hasard,
Comm' la pierr' qui roule,
J'fais plus d'un écart.
La fortun' me pousse,
Et de choc en choc,
Tantôt sur la mousse,
Tantôt sur le roc!
Mais... Gaîté, etc.
Tra, la, la, la...

DEUXIÈME COUPLET.

Moi, qui n'ai qu'la vie
Pour lot ici-bas,
Je veux qu'la folie
L'égaye à chaqu' pas!
Dans c'monde où l'on aime
Les grands noms, ma foi,
J'trouv' qu'un nom d'baptême
Est assez pour moi!
Gaîté me fait vivre, etc.
Tra, la, la, la...

ADELINE. Ma mère avait pourtant rêvé un autre sort pour son enfant d'adoption. Après avoir fait d'vous un bon et honnête ouvrier, elle voulait en faire un bon mari, un bon père de famille.

HENRI. C'est vrai, la pauv' chère femme, c'était son idée.

ADELINE. Est-c' que ça ne vaudrait pas mieux, voyons, que cette vie de casse-cou, de sans-souci, de paresseux, que vous avez menée jusqu'ici?

HENRI. Mais si, mère, mais si, ça vaudrait cent fois mieux!

ADELINE. C'que ma mère voulait, j'avais promis de l'réaliser, moi; mais vous ne voulez pas que j'puisse tenir ma promesse, vous, méchant que vous êtes!

HENRI. Mais si, mais si, j'le veux.

ADELINE. V'là déjà deux fois que vot' mariage manque.

HENRI. Oh! mais la troisième, il ne manquera pas, soyez tranquille.

ADELINE. Oui, vous en prenez bien l'chemin.

HENRI. C'est vrai qu' j'ai fait quéqu' détours, mais en rentrant vite dans la droite ligne...

ADELINE. Mariette sort d'ici, Monsieur.

HENRI. Ah!

ADELINE. Oui, elle m'a dit la parole que vous avez donnée à son père, et ne vous ayant pas trouvé, elle s'en est allée, croyant...

HENRI. Que j'ai manqué à ma parole?

ADELINE. Non, Monsieur; car, pour ne pas lui donner ce chagrin, j'ai menti, menti deux fois... me forcer de mentir!

HENRI. Écoutez, mère, c'est pour moi que vous avez menti, eh ben, si vot' confesseur vous gronde, je f'rai la pénitence pour vous, là.

ADELINE. Et ce bracelet que vous deviez reporter aujourd'hui même?

HENRI, se *grattant l'oreille.* Le bracelet... ah! diable! elle sait qu'il n'est pas fini?

ADELINE. Du tout, elle l'a emporté, très-bien fini, au contraire.

HENRI. Fini!

ADELINE. C'est le brave La Tortue qui lui a r'mis d'vot' part.

HENRI. Comment, il s'est permis?

ADELINE. De faire votre ouvrage pendant vos orgies, pour vous sauver des r'proches et un affront, oui, Monsieur. Mais si c'dévouement lui fait honneur à lui, ne comprenez-vous pas que c'est une honte pour vous d'l'avoir rendu nécessaire?

HENRI. Oui, c'est une honte, oui, je suis un sans cœur, un gueux, un faignant f... mais c'est égal, mère, n'm'appelez plus Monsieur, ça m'fait trop de mal... et pardonnez-moi encore cette fois... hein? voulez-vous?

ADELINE. Vous pardonner?

HENRI, se *mettant à genoux.* Eh ben! non, tenez, battez-moi un peu avant si vous voulez... ça me r'mettra.

ADELINE. Vous battre? Est-c' que j' sais battre, moi? Je n' sais que vous aimer, plus que vous n' méritez, ingrat!

HENRI. Ainsi donc vous n' êt's plus en colère, vous m' pardonnez et vous n' m'appellerez plus Monsieur?

ADELINE. Allons, relevez-vous, méchant enfant... Oui, j' vous pardonne, mais...

Air de *Mademoiselle Garcin*.

Plus de paress', de disput's, de batt'ries;
Dans le travail cherchez votre bonheur.
Laissez le bruit et les folles orgies
Aux insensés qui n'ont ni fét', ni cœur!
L'ang' qui n'est plus, à son heure suprême,
Ne me dicta pour vous que cette loi.
Suivez-la donc, si ce n'est pour vous-même,
Par amitié pour ma mère et pour moi!
La suivrez-vous, pour ma mère et pour moi?

HENRI. Oui, j' la suivrai, oui, j'm' rangerai... A compter d'aujourd'hui c'est fini, je d'viens l' modèle des compagnons : je n' bois plus, je n' flâne plus, je n' tape plus... J' travaille, j' travaille toujours, j' travaille à mort... Vous verrez, vous verrez... Ah! je n' mériterais pas d' manger l' pain du bon Dieu, j' mériterais qu'on m' méprise, qu'on m' déteste, qu'on m' chasse comme un rien du tout si j' pouvais broncher encore après tant d' bonté!... Je r'tourne à l'atelier, mère, je n' vous dis çu, et... (*Fausse sortie.*) Vous n' m'en voulez plus du tout, ben vrai? (*Elle lui tend la main en souriant, il l'embrasse.*) Oh! qu' vous êtes bonne! (*A Marthe, qui paraît dans le fond.*) La paix est faite, marraine, la paix est faite!.. Ah! tant pis, faut que j' vous embrasse aussi! (*Il l'embrasse.*) Si vous saviez comme je suis heureux!

SCÈNE XV.

Les mêmes, MARTHE.

ENSEMBLE.

Air du *Mousquetaire gris* (Petit Pierre, Variétés).

MARTHE, bas, à *Adeline*.
A l'hôtel rendez-vous,
Le courrier de vot' père
Est arrivé... que faire?
Ah! Dieu veille sur nous!
ADELINE,
Au travail rendez-vous.
(*A part.*)
Maintenant je l'espère,
Notre Henri, bonne mère,
Sera digne de nous!
HENRI.
Au revoir! entre tous,
Je m' distingu'rai, j'espère,

Votre Henri, bonne mère,
Sera digne de vous!
(*Au moment où Henri sort par le fond en courant Marthe tire à elle le bahut.*)

MARTHE. Eh! vite, mam'selle, regagnez votre appartement par l'issue secrète.

ADELINE. Mais as-tu vu l'exempt Chopard?

MARTHE. Soyez tranquille, je le verrai... Et justement, j' crois qu'il vient ici... Vite, vite! (*Adeline sort, elle repousse le bahut.*)

SCÈNE XVI.

MARTHE, CHOPARD, puis Deux autres exempts.

MARTHE, *à elle-même.* Arrivera-t-elle à temps?.. (*A Chopart, qui paraît à ce moment.*) Ah! vous voilà, monsieur Chopard... Je suis charmée de vous voir!

CHOPARD. Si vous saviez pourquoi je viens, vous ne diriez pas ça, dame Marthe.

MARTHE. Expliquez-vous, j' vous prie.

CHOPARD. J'étais bien sûr que ce mauvais garnement de Henri finirait par compromettre sérieusement votre maison.

MARTHE. Ah! mon Dieu! qu'a-t-il donc fait?

CHOPARD. Il a commis un crime.

MARTHE. Un crime!

CHOPARD. Le plus grand de tous, un crime politique!.. Tant qu'il s'est contenté de changer les enseignes de place, pendant la nuit, et de mettre, par exemple, celle d'un procureur à la porte d'un arracheur de dents; tant qu'il s'est borné à couper les mèches des lanternes pour faire perdre sa trace au guet, après ses escapades, l'autorité a pu fermer les yeux, et se borner à remettre des mèches aux lanternes... Mais le ménager après les énormités de cette nuit, ce serait se rendre son complice!

MARTHE. Mais qu'a-t-il fait enfin?

CHOPARD. Il a chanté d'abominables chansons contre madame de Pompadour!

MARTHE. Oh! si c' n'est qu' ça!.. Faut-il pas se gêner pour une créature pareille?

CHOPARD. Voulez-vous bien vous taire, malheureuse!.. Avez-vous donc envie d'aller faire aussi un tour à la Bastille?

MARTHE. A la Bastille! on veut donc l'y mettre, lui!

CHOPARD. C'est bien le moins! L'ordre d'arrestation est signé, et c'est M. le capitaine du guet lui-même qui est chargé de l'exécution.

MARTHE. Miséricorde!

CHOPARD. Quant à moi, je viens ici pour une perquisition préliminaire, pour fouiller ses hardes, et faire main basse sur ses papiers.

MARTHE, *tirant la bourse de sa poche.* Oh! monsieur Chopard, vous qui êtes si bon, si humain, vous pourriez bien...

CHOPARD, *prenant la bourse.* Plaît-il... Ah! oui...
(*Voyant les deux autres exempts qui arrivent.*)
Mes acolytes!.. (*Très-haut.*) Je ne puis rien, dame
Marthe, rien qu'accomplir mon devoir... pas de
quartier pour qui offense madame de Pompadour!

MARTHE, *bas.* Mais rendez la bourse au moins.

CHOPARD. Hein! Qu'est-ce!.. Vous voulez me cor-
rompre! Ah! c'est trop d'audace! (*Aux exempts.*)
Vous êtes en retard, Messieurs. (*A Marthe.*) Allons,
bonne femme, indiquez-nous la chambre de ce misérable. (*Marthe montre l'escalier et se dispose à
les suivre.*) Restez, restez, nous aimons à instru-
menter sans aide officieux, c'est plus sûr, et la besogne est mieux faite. (*Il monte l'escalier, suivi des
deux autres exempts.*)

MARTHE, *à part.* Vieux coquin! Mais que va
dire Mademoiselle quand elle apprendra ça?

SCÈNE XVII.

ADELINE, MARTHE.

ADELINE, *entrant par la porte secrète.* J'ai tout
entendu, Marthe... j'allais m'éloigner, mais dès
les premiers mots, j'ai compris le danger qui me-
naçait ce pauvre Henri, et je suis restée... Mais
que faire?.. Comment le sauver?.. Il est à son
atelier maintenant... Ils iront l'y chercher sans
doute... Il faut le prévenir.

MARTHE. J'y vais, Mam'selle, j'y vais.

ADELINE. Oui... dis-lui de se cacher, de fuir...
donne lui de l'or... tout ce qu'il lui faudra... mais
hâte-toi, surtout, hâte-toi.

MARTHE. Oui, oui, soyez tranquille. (*Adeline
prend le mantelet de Marthe et le lui pose sur
les épaules.*)

SCÈNE XVIII.

LES MÊMES, LE CAPITAINE DU GUET, SOLDATS,
puis CHOPARD et LES EXEMPTS, puis
LA TORTUE, EUSTACHE, TOTO, JÉROME,
FRANÇOIS, et LES AUTRES COMPAGNONS.

LE CAPITAINE, *à son monde.* Que toutes les
issues de cette maison soient gardées.

ADELINE, *à Marthe.* Tout est perdu!

LE CAPITAINE. Ah! ah! la belle hôtesse, ce sont
donc des conspirateurs contre la sûreté de l'État
qui logent chez vous, et qui ont vos préférences?

ADELINE. Je ne puis comprendre ce que vous
voulez dire, Monsieur.

LE CAPITAINE. Patience, patience! Je sais que
vous avez l'intelligence un peu rebelle; mais vous
me comprendrez tout à l'heure. (*A Chopard, qui
descend l'escalier.*) Eh bien, Mosson, qu'avez-
vous trouvé?

CHOPARD. Quelques mauvaises hardes et ce portefeuille.

LE CAPITAINE. Donnez. (*Examinant les papiers.*)
C'est bien cela: voilà cette abominable chanson!
Voilà la preuve du crime!.. Qu'est ceci? Une
lettre... une écriture de femme... ah! ah!.. lisons.
(*Il lit.*) « Mon bien-aimé Henri! » Eh! le début est
fort tendre!.. « On m'enlève notre enfant. » Comment, il a un enfant en ville ce drôle! « On exige
« que je me marie, que je trompe indignement un
« homme, qui m'estime et m'aime... mais que moi,
« je ne pourrai jamais aimer. » Eh! c'est tout un
roman que cela... « Ce mariage pouvant seul pré-
« server mon père de la ruine et du déshonneur, il
« faut que je m'y résigne. Adieu, Henri, ne cher-
« chez plus à me voir, et oubliez-moi... Dieu nous
« a maudits! » C'est très-touchant!... Et le tout
est signé: Adeline.

ADELINE, *bas, à Marthe.* Adeline!.. que signifie!

MARTHE, *embarrassée.* Je ne sais, Mademoiselle.

LE CAPITAINE. Adeline... Connaissez-vous cette
rivale, belle hôtesse.

ADELINE. Monsieur...

LE CAPITAINE. Ah çà, mais c'est donc décidément un grand vainqueur que ce jeune bâtard...
je vous en félicite, ma mie.

ADELINE. Encore!

LE CAPITAINE. Cela vous contrarie un peu, je le
conçois... mais ce n'est pas ma faute; je n'invente
rien... la lettre est là... Voyez plutôt vous-même.
(*Il lui donne la lettre.*)

ADELINE, *jetant les yeux sur la lettre.* Ciel!

LE CAPITAINE. Quoi donc?

ADELINE, *atterrée.* Rien, Monsieur, rien.

LE CAPITAINE, *à part.* Maintenant, elle est à
moi! (*Il va donner des ordres aux exempts.*)

ADELINE, *bas, à Marthe.* L'écriture de ma mère!..
Henri... c'était donc?.. Et tu ne me le disais pas?

MARTHE. J'avais juré de ne pas vous le dire.

ADELINE. Oh! mais, à tout prix, il faut le sauver,
entends-tu bien!

LE CAPITAINE, *revenant.* Rendez-moi la lettre.

ADELINE. Mais, Monsieur, ce papier... c'est un
secret de famille qui ne peut intéresser en rien
la police.

LE CAPITAINE. La justice s'éclaire de tout ce
qu'elle trouve, chère Mignonne, donnez donc.

ADELINE. Réfléchissez, Monsieur, que livrer cette
lettre, c'est livrer l'honneur d'une malheureuse
femme.

LE CAPITAINE. Pourquoi l'a-t-elle écrite?.. Donnez, vous dis-je, ou sinon!... (*Il prend la lettre
et la remet dans le portefeuille.*)

ADELINE, *avec larmes et stupeur.* O mon Dieu!
mon Dieu!

LE CAPITAINE, *aux exempts et aux gardes.* Attention, vous autres!... Voilà les compagnons qui .

vont révénir pour le souper... que le coupable ne nous échappe pas !

ADELINE, bas, à Marthe. Plus d'espoir !

LA TORTUE, qui est entré le premier et s'est approché furtivement. Rassurez-vous, il ne viendra pas. (Il s'esquive.)

ADELINE, avec joie. Ah !.. (Pendant ce mouvement un sergent est venu parler bas au capitaine.)

LE CAPITAINE. Le coupable sauvé !.. C'est sans doute vous qui l'avez fait prévénir, sensible hôtesse... Eh bien ! cela pourra vous coûter cher : car vous nous répondrez de lui.

ADELINE. Comment, Monsieur ?

LE CAPITAINE. Oh ! mon Dieu, tout simplement en nous suivant à la Conciergérie où vous resterez renfermée jusqu'à ce que le fugitif y vienne prendre votre place.

ADELINE, bas, à Marthe. Moi, arrêtée !.. Un pareil scandale !.. Et mon père !.. Édouard !..

MARTHE, de même. Remettez-vous, remettez-vous, ce n'est que pour vous faire peur sans doute. (Haut.) N'est-ce pas, monsieur le capitaine, que ce n'est pas sérieux ce que vous avez dit là... Non, non, ça ne peut pas être sérieux.

LE CAPITAINE. Rien n'est plus sérieux, bonne femme, et prenez garde qu'il ne vous en arrive autant à vous-même... Pas de pitié pour les complices des ennemis du roi !

MARTHE. Mais monsieur Chopard sait bien...

CHOPARD. Je ne sais rien de plus que monsieur le capitaine, dame Marthe, et comme lui, je vous dis de prendre garde !

ADELINE, à Marthe. Ils t'arrêteraient aussi !

LE CAPITAINE. Allons, allons, il faut en finir... Suivez-nous !

ADELINE. Je suis prête, Monsieur.

MARTHE. Oh ! mais j' vais avec vous alors !

ADELINE, bas. Non, reste pour lui... Moi, je me confie à Dieu !

LE CAPITAINE, aux exempts. Faites votre devoir, Messieurs. (Les exempts s'emparent d'Adeline. A ce moment, Eustache, François, Jérôme, Toto et les autres compagnons entrent vivement.)

LES COMPAGNONS.

Arrêter notre bonne mère !
Amis, devons-nous le souffrir ?

(Aux soldats.)

Sortez, ou craignez not' colère ;
Pour ell' nous somm's prêts à mourir !

LE CAPITAINE.

Allons, marauds, faites-nous place,
Et respectez l'ordre du roi !

ADELINE, aux compagnons.

Mes amis, mes amis, par grâce,
Ne vous exposez pas pour moi !

LE CAPITAINE.

En avant !

LES COMPAGNONS, barrant le passage.

Non, non, non !

LE CAPITAINE.

Perdez-vous la raison ?
Place, vous dis-je, ou la potence
Punira votre rébellion !

ENSEMBLE GÉNÉRAL.

TOUS LES COMPAGNONS.

Arrêter cette pauvre femme !
Ah ! c'est indigne ! ah ! c'est infâme !
Elle en prison !
Non, non, non, non !

LE CAPITAINE, CHOPARD, LES EXEMPTS ET LES GARDES,

Allons Emmenez cette femme !
       Emmenons
C'est la complice d'un infâme !
Pas de pardon,
Vite en prison !

MARTHE.

Ah ! je frémis au fond de l'âme !
La voir traiter comme une infâme !
Elle en prison !
Non, non, non, non !

ADELINE.

Mon Dieu ! toi qui lis dans mon âme,
C'est ton appui que je réclame !
Ah ! d'un affront
Sauve mon nom !

(Au moment où les gardes et les exempts entraînent Adeline, sur un nouvel ordre du capitaine, tous les compagnons font un mouvement pour la suivre ; mais de nouveaux soldats entrent par la porte de gauche et contiennent les compagnons en les couchant en joue. — La toile baisse sur ce tableau.)

FIN DU PREMIER ACTE.

ACTE DEUXIÈME.

Le théâtre représente un petit salon de l'appartement de la marquise, devant celui d'Adeline ; au fond, porte principale ; à gauche de l'acteur, dans un pan coupé, porte de la chambre d'Adeline. Du même côté, au premier plan, cheminée, surmontée d'une glace ; à droite dans le pan coupé faisant face à la porte de la chambre d'Adeline, le portrait en pied du comte de Sédages, père de la marquise, cachant une porte secrète. Au premier plan du même côté, le portrait en pied de la marquise. Devant le portrait, un petit bureau et ce qu'il faut pour écrire.

SCÈNE PREMIÈRE.

MARTHE, *seule. Elle ouvre la porte du fond qui est fermée à double tour, et remettant la clé en dedans, la referme de même et pousse une targette.* Quelle nuit d'inquiétudes !… J'ai entendu toutes les heures sonner, et mademoiselle Adeline n'est pas revenue… En allant se livrer lui-même à la police, dès qu'il a su ce qui était arrivé, ce bon Henri croyait bien pourtant qu'elle serait aussitôt remise en liberté !… Pour rentrer dans cet appartement sous le costume qu'elle portait, sans exciter l'étonnement et les soupçons des gens de l'hôtel, il fallait nécessairement qu'elle repassât par l'hôtellerie et par l'issue secrète… Pourquoi donc n'y a-t-elle pas reparu encore… Voyons, si par hasard… *(Regardant la porte de la chambre d'Adeline.)* Non, pas de clé sur sa porte… Et elle ne la retire que lorsqu'elle quitte l'hôtel pour se rendre auprès de nos braves compagnons… Je ne sais que penser ! Par bonheur, M. le marquis, qu'on attendait hier soir, ne doit arriver que ce matin… mais quand il viendra, que lui dire ! *(On frappe à la porte de fond.)* Ah ! mon Dieu, qui frappe à cette porte ?

JOSEPH, *en dehors.* Êtes-vous là, dame Marthe ?

MARTHE. Ah ! c'est la voix de Joseph, le vieux valet de pied de la marquise.

JOSEPH, *frappant de nouveau.* Dame Marthe ! dame Marthe !

MARTHE. J'entends, j'entends… qu'y a-t-il ?

JOSEPH. Monsieur le marquis vient d'arriver.

MARTHE. Juste ciel !

JOSEPH. Il est allé quitter ses habits de voyage et a demandé tout de suite Mademoiselle… Est-elle levée ?

MARTHE. Non, pas encore. Je n'ai pas une goutte de sang dans les veines.

JOSEPH. Ouvrez vite, dame Marthe, voilà monsieur le marquis qui vient lui-même.

MARTHE. J'y vais, j'y vais. *(Allant ouvrir.)* C'est fini, la pauvre enfant est perdue !…

SCÈNE II.

MARTHE, LE MARQUIS, JOSEPH.

LE MARQUIS. Parbleu, dame Marthe, à voir comme tout est clos et verrouillé ici, on pourrait croire que l'appartement de ma fille est transformé en prison.

MARTHE, *à part.* En prison !… *(Haut.)* C'est Mademoiselle qui exige cela, monsieur le marquis… un reste d'habitudes du couvent…

LE MARQUIS. Ah çà, elle n'est donc pas encore réveillée ?

MARTHE. Non, monsieur le marquis.

LE MARQUIS. C'est étrange, car enfin, comme tu le dis, elle a conservé les habitudes du couvent, elle devrait être plus matinale.

MARTHE. C'est que… hier soir… Mademoiselle était indisposée.

LE MARQUIS. Indisposée !… mais rien de grave, j'espère ?

MARTHE. Non, monsieur le marquis, non… une migraine seulement.

LE MARQUIS. Alors, réveille-la bien vite, car après une absence aussi longue tu dois comprendre que j'ai hâte de l'embrasser.

MARTHE, *remontant un peu la scène.* Oui, monsieur le marquis.

LE MARQUIS. Toi, Joseph, mets là mon portefeuille. *(Joseph pose le portefeuille sur la table.)* C'est bien. Fais venir le coureur. *(A Marthe.)* Eh bien, qu'attends-tu donc ? *(Le marquis ouvre son portefeuille et en tire des papiers).*

MARTHE. C'est que…

LE MARQUIS. Quoi, encore ?

MARTHE. Il n'y a pas de clé sur la porte.

LE MARQUIS, *examinant ses papiers.* Pas de clé !… Voilà vraiment un luxe de précautions qui prouve que vous n'avez ni l'une ni l'autre grande foi dans la vigilance de M. le lieutenant de police… Voyons, frappe vite alors.

MARTHE. Oui, monsieur le marquis. *(A part.)* Tout va se découvrir !

LE MARQUIS.

Air : *Regardez, regardez, mais ne touchez pas.*

Allons, frappe, sans plus attendre,
Elle entendra probablement,

MARTHE.

Oui, Monsieur, oui.

(A part.)

Quel parti prendre !

LE MARQUIS.

Eh bien ?

MARTHE, *frappant.*

Voilà.

(*A part.*)

Cruel moment !

LE MARQUIS.

N'entends-tu rien ?

MARTHE.

Non, rien.

LE MARQUIS.

Vraiment ?
Frappe plus fort alors, ma chère,
Frappe donc, elle t'entendra.

MARTHE, *frappant de nouveau.*

Oui, Monsieur.

LE MARQUIS.

Maintenant, j'espère
Qu'à la fin elle répondra.

(*Marthe se retire découragée; la porte s'ouvre et Adeline paraît en costume de son rang, coiffée en poudre et avec coquetterie.*)

ADELINE.

Me voilà !... me voilà !
Quoi ? mon père est là !

(*Elle court à lui.*)

LE MARQUIS, *l'embrassant.*

La voilà ! la voilà !

MARTHE, *étonnée.*

Comment la voilà !
Ah ! Dieu soit béni ! la voilà !

SCÈNE III.

LES MÊMES, ADELINE, JOSEPH *et* LE COUREUR, *dans le fond.*

ADELINE, *serrant les mains du marquis.* Mon bon père !

MARTHE, *à part.* Mais par quel prodige ? (*Adeline fait un signe à Marthe pour lui recommander la discrétion.*)

LE MARQUIS. Oh! mais que je te regarde encore!... Que parlais-tu donc d'indisposition, Marthe... Mon Adeline n'a jamais été plus fraîche et plus jolie!.. Dans un instant, je serai tout à toi, mon enfant, à toi seule!.. Auparavant, j'ai quelques dépêches à expédier. (*Il va à la table, signe successivement plusieurs papiers, après les avoir parcourus, et les met sous enveloppe.*

ADELINE, *bas, à* Marthe. Tu vois que le ciel m'a protégée !

MARTHE. Mais comment? (*Le marquis se retourne*).

ADELINE. Chut !

LE MARQUIS. Joseph!.. (*Il s'approche.*) Cette dépêche pour le ministre de la marine... Attendez... avant tout, cette lettre chez M. Edouard de Verseuil. (*A Adeline.*) Je l'avertis de mon arrivée, et je l'invite à venir ici sur-le-champ. Cela ne te contrarie pas?

ADELINE, *souriant.* Vous le savez bien. (*Bas, à Marthe.*) Echappée, par une sorte de miracle, des mains de mon escorte... errant au milieu de la nuit...

LE MARQUIS, *donnant une nouvelle dépêche.* Pour le roi. (*Joseph remet la dépêche au coureur qui se dispose à sortir.*) Un moment. (*Il écrit.*)

ADELINE, *bas, à* Marthe. Je revenais tremblante et en toute hâte à l'hôtellerie, quand, passant devant l'hôtel, j'en ai vu la porte entr'ouverte... Le suisse était endormi dans sa loge... J'ai pu rentrer ainsi sans être vue... Après quelques heures d'un sommeil pénible, je me suis habillée pour attendre mon père... Mais bientôt, succombant encore à la fatigue, mes yeux se sont fermés de nouveau malgré moi...

MARTHE. Pauvre enfant !

ADELINE. Et je ne me suis éveillée enfin qu'au bruit que tu as fait à ma porte.

MARTHE. Ah! si vous saviez comme j'avais peur en frappant !

ADELINE. Chut !

LE MARQUIS, *à Joseph.* Tiens, ce rapport pour madame la marquise de Pompadour... Et qu'il soit remis avant celui du roi.

JOSEPH. Oui, monsieur le marquis. (*Le coureur sort avec les deux dépêches.*)

LE MARQUIS, *à part.* Rendre compte ainsi des affaires d'État à une favorite!.. quelle honte!... Ah! il est grand temps que tout cela change !.. (*Il écrit de nouveau.*)

ADELINE, *à* Marthe. Et Henri, qu'est-il devenu?

MARTHE, *à part.* Cachons-lui la triste vérité.

ADELINE. Réponds-moi donc.

MARTHE. Prévenu à temps par La Tortue, il n'est pas rentré, et le guet a vainement passé la nuit à l'attendre autour de l'hôtellerie.

ADELINE. C'est bien; mais pour plus de sûreté, il faut qu'il quitte Paris et se rende à Boulogne, dans la famille de sa fiancée. Dis-lui cela de ma part, entends-tu.

MARTHE. Oui, Mademoiselle.

LE MARQUIS, *se levant.* Ce dernier paquet pour le contrôleur général. Tu le porteras toi-même, mon vieux Joseph, et tu demanderas à le remettre en mains propres, à Son Excellence. (*Joseph sort.*) Ah!.. la tâche du marin est finie, au tour du père, maintenant !

ENSEMBLE.

Air nouveau de M. Oray.

(*Regardant Adeline.*)

De sa bonne mère,
Qui pour nous prie aujourd'hui,
L'image si chère
M'apparaît ici !

ADELINE, à *Marthe.*
Au vœu de ma mère
Songe surtout, aujourd'hui :
Marthe, il est mon frère,
Veille bien sur lui !
MARTHE.
Le ciel, je l'espère,
Voudra l'sauver aujourd'hui ;
Car, là-haut, sa mère
Veille aussi sur lui !
(*Marthe sort.*)

SCÈNE IV.

LE MARQUIS, ADELINE.

LE MARQUIS. Nous voilà donc réunis enfin, mon Adeline, et cette fois, pour toujours !

ADELINE. Pour toujours, puis-je vraiment l'espérer ?

LE MARQUIS. Oui, oui, plus d'absence, plus de voyages, je souffre trop loin de ce qui m'est cher !.. En rendant compte de ma dernière mission au ministre, je lui fais remise de mon commandement, pour ne plus le reprendre.

ADELINE. Oh! merci pour moi, mon père, merci. Au fait, après avoir consacré la plus belle partie de votre vie au service du pays, vous avez bien acquis le droit de vous reposer un peu... A d'autres, maintenant les fatigues, les dangers, la gloire... à vous, les consolations, les joies de la famille... Vous m'aimez toujours bien, n'est-il pas vrai ?

LE MARQUIS, *lui prenant les deux mains, et la baisant au front.* Si je t'aime !

Air d'*Aristipe.*

Ton souvenir, quand j'ai perdu ta mère,
M'a seul sauvé du désespoir.
Près de céder à ma douleur amère,
Je me suis dit : vivons, pour la revoir !
Et ce bonheur qu'aujourd'hui Dieu m'accorde,
Du vieux marin c'est le dernier trésor !
Oh! oui, c'est l'ancre de miséricorde,
Qui sur terre me retient encor !

J'ai été bien près de mourir pourtant !.. Sans la douce consolation qui m'attendait près de toi !

ADELINE. Comment ?

LE MARQUIS. Nous étions déjà en vue de France, dans le golfe de Lyon, lorsqu'une tempête, comme je n'en vis aucune autre dans mes courses les plus agitées, mit mon vaisseau à deux doigts de sa perte !.. Le découragement avait gagné tout l'équipage, et moi-même... Périr ainsi misérablement, sans t'avoir revue... J'invoquai Dieu alors... pour toi, ma fille, pour toi surtout... Et me sentant comme inspiré, à cette heure suprême, d'une voix qui dominait l'orage, je commandai une nou-

velle manœuvre, et je saisis la barre, en m'écriant : Adeline!... Adeline! Une heure après nous étions dans le port.

ADELINE. Ah! Dieu en soit loué! Nous irons le remercier ensemble.

LE MARQUIS. Oui, mon enfant, c'est là maintenant notre premier devoir... et nous prierons ensemble aussi sur la tombe de ta mère!

ENSEMBLE.

Air : *Dormez donc, mes seules amours.*

ADELINE ET LE MARQUIS.

Mon père, / Ma fille, allons dans le saint lieu,
Ensemble remercier Dieu,
Qui nous réunit en ce jour !
Prions, prions, pour qu'après cet heureux retour,
Toujours, toujours, il vous / je conserve à mon amour.

(*Au moment où ils remontent la scène, Joseph paraît et annonce : Monsieur Edouard de Verseuil.*)

SCÈNE V.

LES MÊMES, ÉDOUARD.

ÉDOUARD, *après avoir salué, et regardant Adeline.* J'ai été si heureux en recevant votre lettre, monsieur le marquis, que je n'ai pas voulu tarder un instant à me rendre à votre invitation, et à vous remercier de vive voix de l'honneur auquel vous avez daigné me permettre d'aspirer. Mais peut-être un si grand empressement vous paraîtra-t-il indiscret ?

LE MARQUIS. A moi, pas le moins du monde, et à ma fille, pas davantage, vous pouvez le croire... n'est-ce pas, mon Adeline ?

ADELINE, *souriant.* Puisque vous lisez si bien dans ma pensée, pourquoi vouloir que je réponde moi-même ?

LE MARQUIS. Le fait est que c'était inutile. Touchez donc là, mon cher ami, et soyez convaincu qu'en ce moment, plus que jamais, vous êtes le bien venu ici... (*A Adeline.*) Tu vois, je parle toujours pour deux.

ADELINE. Merci, mon père.

ÉDOUARD, *avec reconnaissance.* Mademoiselle!.. Ah! vous aussi, vous pouvez dire que vous répondez pour deux !

ADELINE, *tendant la main vers lui.* Édouard!...

LE MARQUIS. Prenez, prenez donc sa main... Après une si longue séparation, c'est ce qu'il y a de mieux pour montrer le plaisir qu'on a à se revoir... Et maintenant, d'ailleurs, c'est déjà presqu'un droit pour vous ; car aujourd'hui suène, vous le savez, le vœu de sa mère sera rempli, nous signerons le contrat.

ÉDOUARD, *qui a porté la main d'Adeline à ses lèvres.* Votre père a eu la bonté de m'annoncer, en effet, Mademoiselle, que cette signature aurait lieu aussitôt après son retour.

LE MARQUIS. Trouvez-vous que ça soit trop prompt?

ÉDOUARD. Oh! Monsieur! *(Il baise de nouveau la main d'Adeline.)*

LE MARQUIS. Voilà donc qui est bien entendu : ce matin le contrat, et dans huit jours... à moins, pourtant, que l'un ou l'autre vous changiez d'idée d'ici là...

ÉDOUARD. Changer d'idée!

ADELINE. Mon père n'en pense pas un mot; mais il est un peu taquin. Laissons-lui ce plaisir en échange du bonheur que nous apporte son retour!.. *(Au marquis.)* N'en abusez pas trop cependant.

LE MARQUIS, *la baisant au front.* Espiègle!... *(Passant de nouveau entre eux.)* Savez-vous, mes enfants, ce qui m'a fait surtout approuver avec joie le projet d'union que nous allons réaliser ici, c'est la certitude que cette union est sincèrement selon vos vœux à tous deux : qu'elle n'est ni pour l'un ni pour l'autre, le résultat d'une contrainte; qu'aucun engagement antérieur, aucun sentiment caché enfin n'en peuvent faire un jour pour vous une source de regrets et encore moins de remords.

ÉDOUARD. Quand vous comblez mon vœu le plus cher, Monsieur, je ne puis avoir qu'une crainte, c'est que si vive, si sincère que soit ma reconnaissance, elle ne le soit jamais assez pour payer le trésor que vous me confiez aujourd'hui.

LE MARQUIS, *lui serrant la main.* Bien, mon ami... Quant à Adeline, je ne lui demande plus rien, elle se croirait encore dispensée de répondre.

ADELINE, *souriant.* Vous allez recommencer.

LE MARQUIS. Non, non, c'est fini. *(A Édouard.)* Ah çà, vous avez choisi vos témoins.

ÉDOUARD. Oui, Monsieur, et ils se rendront ici avec ma famille pour la signature. Il y en a un, le premier, mon meilleur ami; presqu'un frère, que je devais même amener avec moi pour vous le présenter particulièrement; mais il a manqué au rendez-vous que je lui avais donné.

LE MARQUIS. Son nom?

ÉDOUARD. Le chevalier de Cérigny, comme moi officier aux gardes.

LE MARQUIS. J'en ai entendu parler : tête bien légère, bien folle!

ÉDOUARD. Oui, mais un cœur qui rachète tout. Il ne peut tarder à me rejoindre.

LE MARQUIS. Nous le verrons donc à notre retour, car, ma fille et moi, nous avons maintenant un devoir sacré à remplir.

ENSEMBLE.

Air nouveau de *M. Oray.*

LE MARQUIS.

Ici, veuillez donc nous attendre;
Et comme enfant de la maison,
Pour nous à ceux qui vont s'y rendre,
Faites les honneurs du salon.

ÉDOUARD.

Ah! qu'il m'est doux de vous entendre
Me dire enfant de la maison!
Je m'efforcerai de me rendre
Toujours plus digne de ce nom!

ADELINE.

Allons prier, sans plus attendre,
Pour que Dieu sur cette maison
Du haut des cieux fasse descendre
Et l'espérance et le pardon!

(Le marquis et Adeline sortent, Édouard remonte avec eux jusqu'à la porte, et baise la main d'Adeline une dernière fois.)

SCÈNE VI.

ÉDOUARD, *seul.* Comme elle est embellie!... et toujours ce même sourire candide, cet esprit plein de grâce, cette voix si douce, si pure!.. cet ineffable accent de vérité! Oh! oui, oui, elle m'aime comme je l'aime!.. je le crois, puisqu'elle l'a dit oui, je le crois... et cette certitude, c'est maintenant ma vie!..

JOSEPH, *annonçant.* Monsieur le chevalier de Cérigny.

ÉDOUARD. Ah! enfin! c'est bien heureux!

SCÈNE VII.

ÉDOUARD, LE CHEVALIER.

ÉDOUARD. Tu ne pourras donc jamais être exact, chevalier?

LE CHEVALIER. Est-ce que je suis en retard?

ÉDOUARD. Parbleu! de deux heures au moins... Tu sors du lit, je parie?

LE CHEVALIER. Moi, j'étais levé avant le soleil.

ÉDOUARD. Ah bah! c'est que tu ne t'étais pas couché alors... ou plutôt un nouveau duel peut-être?...

LE CHEVALIER, *avec un soupir.* Hélas! non, mon ami, je suis maintenant au régime le plus rigoureux sur cet article-là.

ÉDOUARD, *avec un sérieux affecté.* Vraiment?

LE CHEVALIER. Ah! mon Dieu oui!.. Dans un moment de faiblesse filiale, j'ai pris avec ma mère un engagement solennel, qui me gêne horriblement, mais qu'il faut tenir... Ah! les mères sont parfois bien exigeantes!...

Air : Quand j'n'ai pas le sou, etc.

J'ai donc juré ma foi de gentilhomme,
D'avoir au plus quatre duels par mois.
J'en suis à deux déjà, quoiqu'économe,
Et cependant, nous ne sommes qu'un trois;
Restent pour deux vingt-sept grands jours, je crois!
C'est un supplice, ami, que rien n'égale,
De ne pouvoir librement décocher
Un trait mordant, quand je vois s'approcher
Un fat, un sot... J'ai le sort de Tantale :
Je les regarde, et ne puis les toucher!

ÉDOUARD, *ironiquement.* C'est affreux!

LE CHEVALIER. N'est-ce pas?

ÉDOUARD. Ah çà! mais puisque tu n'as pas eu de duel, qui donc a pu te mettre sur pied de si bonne heure?

LE CHEVALIER. L'aventure la plus bizarre, la plus romanesque!... Depuis l'aurore, je suis à la poursuite d'une créature ravissante, idéale, qui tient à la fois de l'ange, de la femme et de la fée!...

ÉDOUARD. Ah!.. Et où as-tu rencontré ce phénomène?

LE CHEVALIER. Écoute. Hier, entre huit et neuf heures du soir, je venais de dîner avec quelques amis, à ma petite maison du Port-à-l'Anglais, et quoiqu'un peu échauffé par le champagne, je me rappelai que la petite Lagarde, la chanteuse, m'avait donné rendez-vous à l'Opéra, dans une loge grillée, pour cabaler, de compagnie, contre une débutante, sa rivale. C'était un marché conclu.

ÉDOUARD. Et tu avais reçu des arrhes?

LE CHEVALIER. J'étais payé intégralement..... à l'Opéra, on ne reçoit pas d'à-comptes. Je me disposais donc à aller, avec mes amis, chûter sans pitié cette pauvre débutante, quand, au détour d'une ruelle, nous nous trouvons en face d'un détachement du guet, commandé par le Gascon de Florac en personne. Tu sais l'effet que la vue de cette milice a toujours produit sur moi.

ÉDOUARD. Oui, en sortant de table, surtout.

LE CHEVALIER. C'est comme un besoin irrésistible de rosser, de battre!... Je ne me suis jamais bien rendu compte de cet effet à moi-même.

ÉDOUARD. Ce qui fait qu'il t'a fallu souvent en rendre compte au lieutenant de police.

LE CHEVALIER. Que veux-tu?.. Je crois que j'ai été mis au monde tout exprès pour battre le guet: chacun sa vocation. Ces drôles conduisaient au milieu d'eux une jeune fille en larmes.

ÉDOUARD, *riant.* La créature ravissante, idéale, qui tient à la fois de l'ange, de la femme et de la fée!

LE CHEVALIER. Juste... une fée de condition modeste, à en juger par sa robe de bure, mais belle comme une duchesse... qui est belle. Sans perdre de temps à m'enquérir des motifs de l'arrestation, je fais un signe d'intelligence à Chabriand et à de

Livry; nous tombons comme la foudre sur le détachement, et la prisonnière est délivrée.

ÉDOUARD. Premier acte du drame.

LE CHEVALIER. Non, ce n'est que le prologue. Un fiacre passe, j'y fais vite monter la jeune fille. Allez toujours siffler sans moi la débutante, dis-je aux autres. Je vous rejoindrai dès que j'aurai mis cette pauvre petite en sûreté. Un mot à l'oreille du cocher, il part ventre à terre, et un quart d'heure après, nous sommes à ma petite maison, où les débris d'un dessert succulent, et la présence de nombreuses bouteilles vides, décoiffées comme des bacchantes, prouvent clairement à la belle éplorée, qu'elle n'est pas dans la cellule d'un anachorète!..

ÉDOUARD. Ah! premier acte, cette fois.

LE CHEVALIER. Oui.

ÉDOUARD. Continue, continue, cela promet.

LE CHEVALIER. Supposant naturellement qu'une jolie fille, trouvée le soir aux mains du guet, n'est pas précisément, au moral, un de ces types, dont le pinceau de Raphaël a reproduit les chastes variétés, je réclame immédiatement la récompense de mon zèle, et, je dois en convenir, j'accompagne mes paroles de façons un peu légères, mais qui ne me paraissent pas hors de place dans la circonstance. La jeune fille ne pleure plus alors... et se relevant avec indignation : je vous croyais brave et généreux, dit-elle, n'êtes-vous donc qu'un lâche!.. Étourdi de l'apostrophe... frappé d'étonnement par l'espèce de révolution que la pudeur révoltée venait d'opérer dans toute sa personne, je la regarde... et je me sens comme forcé de baisser les yeux sous la dignité de son regard... Il n'y avait plus de libertin devant cette noble et chaste fille, il n'y avait qu'un homme tremblant, confus de son audace... plus d'idées de séduction dans la tête du fou, mais un amour profond et vrai dans son cœur... Je la regarde de nouveau... elle était relevée calme, un sourire, non de mépris, mais de pitié errait sur ses lèvres... elle avait repris le sentiment de sa force devant ma confusion et mon repentir... et moi, toujours ému, fasciné, cherchant en vain ce que je pourrais encore lui dire, je ne trouvai plus autre chose à lui demander enfin... que son pardon et ses ordres.

ÉDOUARD. De mieux en mieux!

LE CHEVALIER. Écoutez, Monsieur, me dit-elle, malgré la singularité de notre rencontre, malgré le mystère qui m'environne et qu'il m'est impossible d'éclaircir à vos yeux, vous avez, je le vois, repris maintenant pour moi quelque estime. Cette estime est bien placée, soyez-en convaincu; quant à la mienne, si vous voulez vous l'assurer à jamais, si vous voulez que j'y joigne... un peu d'amour, allais-je oser dire... mais devinant aussitôt ma pensée... non, Monsieur, poursuit-elle, cela, je ne pourrais vous le promettre, mon cœur n'est plus libre... mais ma reconnaissance, vous l'aurez tout entière, si en loyal gentilhomme, comme je crois que vous l'êtes, vous complétez, à l'instant même, le service que vous avez commencé à me rendre. — Et que dois-je faire pour cela? — Me conduire au carrefour Bussy, là me quitter, me laisser suivre seule ma route, ne pas chercher à connaître la direction que j'aurai prise, et ensuite... m'oublier. De plus en plus dominé par le charme indicible de sa voix, je l'écoutais, immobile, respectueux, attentif, comme un caporal suisse qui reçoit une consigne. Puis enfin, j'ai tout promis... et ce qu'il y a de plus extraordinaire, j'ai tout tenu.''

ÉDOUARD. Diable! mais c'est de l'héroïsme, ça, chevalier.

LE CHEVALIER. Oh! ne mets pas encore sur ma tête l'auréole d'un saint... J'ai des remords, mon ami.

ÉDOUARD. De ce que tu as fait?

LE CHEVALIER. Non, de ce que je n'ai pas fait, au contraire... oui, j'ai une peur horrible de m'être laissé jouer!.. je n'eus pas plutôt obéi, et tenu de point en point ma sotte promesse, qu'une réflexion soudaine me frappa... Ah çà, mais au fait, me dis-je, ce ne sont pourtant pas des Jeanne-d'Arc que le guet conduit d'ordinaire... et tout aussitôt, je retourne au carrefour Bussy... Mais rien, place vide!.. cinq rues aboutissent là... laquelle prendre? J'en prends une, puis une autre, puis une autre encore... et rien, toujours rien... Enfin, désespéré, brisé, moulu, je rentre chez moi, et je me couche; mais à peine au lit, un affreux cauchemar vient m'assaillir... c'est tout l'Olympe de l'Opéra qui me rit au nez et me bafoue en criant : Pauvre sot! pauvre dupe!.. La rage me prend!.. je crois revoir le guet, je frappe dessus à coups redoublés... c'était mon bois de lit qui se brise... Ma fée reparaît, je la saisis, je l'embrasse... c'était mon traversin!.. Je me réveille alors... quel réveil!.. harassé, presque fou, je me lève, pour recommencer mes recherches... je cours, je vais, je viens... conduit enfin par le hasard devant cet hôtel, je me rappelle ton rendez-vous... j'entre, je monte... et voilà, mon cher ami, la cause de mon long retard!

ÉDOUARD. Pauvre chevalier!

LE CHEVALIER, vivement.

Air :

Mais le pis de cette aventure,
C'est que vraiment mon cœur est pris!
Et je te quitte, après la signature,
Pour la chercher encor dans tout Paris.
Je veux enfin pénétrer ce mystère:
Que ce soit un ange, un démon,
Ou Jeanne d'Arc, ou bien... tout le contraire,
Il me la faut, ou j'en perds la raison.
Oui, que ce soit un ange ou le contraire,
Il me la faut, car j'en perds la raison!

ÉDOUARD. Le marquis et sa fille... chut!.. (Il remonte la scène.)

LE CHEVALIER. Mademoiselle de Grandschamps (allant à la glace.) Ah! je suis dans un désordre!.. (Il rajuste sa coiffure.)

<hr>

SCÈNE VIII.

LES MÊMES, ADELINE, LE MARQUIS.

LE MARQUIS, dans le fond, à Édouard. Il est donc arrivé enfin?

ÉDOUARD, en descendant avec lui. Presque aussitôt après votre départ, Monsieur.

LE CHEVALIER, reconnaissant Adeline, et se détournant aussitôt. Est-il possible... Ah! je rêve encore!

ÉDOUARD, allant à lui. Eh bien, à quoi penses-tu là, chevalier?.. Voyons, voyons, oublie un moment les chimères; nous sommes dans la réalité ici. (Le prenant par la main.) Monsieur le marquis, ma chère Adeline, je vous présente M. de Cétigny, le meilleur et le plus joyeux de mes amis!

ADELINE, le reconnaissant, à part. Mon Dieu!..

ÉDOUARD. Si vous le voyez, en ce moment, un peu sombre, distrait, troublé... il faut l'excuser... c'est la fatigue... il lui est arrivé cette nuit une aventure si étrange!

LE CHEVALIER, bas. Tais-toi! tais-toi!

ADELINE, à part. Ah! je frémis!

LE MARQUIS. Qu'as-tu donc, mon enfant?

ADELINE. Moi... Une émotion bien naturelle... le lieu d'où nous venons... le motif qui nous y avait conduits... (Elle s'assied dans le fauteuil de droite.)

LE MARQUIS. Ah! sans doute... mais il faut à présent...

JOSEPH, dans le fond. Le notaire de Monsieur est arrivé, et l'attend dans son cabinet.

LE MARQUIS. C'est bien. Rejoignons-le, Édouard; avant de passer outre, nous prendrons ensemble connaissance du contrat.

ÉDOUARD. À quoi bon?... N'est-ce pas vous qui l'avez dicté? il ne s'agit plus que de le signer alors.

LE MARQUIS. Non, non, un pareil acte est trop grave, pour n'y pas donner toute votre attention. Quant à ma fille, c'est différent, elle peut s'en rapporter à moi; et pendant notre conférence, elle tiendra ici compagnie à M. le chevalier, et lui fera, j'espère, oublier ses distractions.

ENSEMBLE.

Air : Final de la *Favorite*.

LE MARQUIS.
Rejoignons vite le notaire;
A la raison encore un jour.

Mon gendre, allons parler affaire,
Plus tard l'amour aura son tour,

ADELINE, *regardant le chevalier.*

Il va vouloir de ce mystère
Savoir le mot, mais en ce jour,
Moi, malgré tout, je dois me taire,
Fût-ce aux dépens de mon amour !

ÉDOUARD.

Allons donc trouver le notaire,
Puisqu'il le faut ; mais en ce jour,
C'est triste de parler affaire,
Quand on ne songe qu'à l'amour !

LE CHEVALIER.

Que lui dire ? Et que dois-je faire ?
D'elle que penser en ce jour ?
Pauvre Édouard, tout ce mystère
M'effraie un peu pour son amour.

(*Le Marquis sort par le fond avec Édouard.*)

SCENE IX.

LE CHEVALIER, ADELINE.

(*Adeline et le chevalier se regardent un moment en silence. Ayant l'air de prendre enfin son parti, le chevalier fait un pas, mais il s'arrête comme subjugué par l'air impassible d'Adeline.*)

LE CHEVALIER, *à part.* C'est singulier, moi qui d'ordinaire ne pèche pas par excès de timidité auprès des femmes, la présence de celle-là, malgré tout ce qui maintenant m'autoriserait à me montrer avec elle moins timide que jamais, m'impose encore, me dompte, m'écrase, me rend stupide au point de ne pas trouver un mot à lui dire.

ADELINE, *à part.* Son trouble me rassure un peu.

LE CHEVALIER, *à part.* Ah ça, voyons, cependant, il ne faut pas lui donner une trop ridicule opinion de moi. (*Haut.*) Mademoiselle....

ADELINE. Monsieur?

LE CHEVALIER, *à part.* Toujours le même calme, la même dignité... Ah ça, est-ce qu'elle ne me reconnaîtrait pas, par hasard?.. allons donc, c'est impossible!.. (*Haut, et d'un ton un peu plus décidé.*) Mademoiselle....

ADELINE. Monsieur?

LE CHEVALIER, *à part.* Ma foi, j'ai envie de ne pas la reconnaître non plus, moi.... ça la mettra tout à fait à son aise, et ça me sera plus commode aussi.... oui, mais mon pauvre ami!.. Oh! non, non, pour lui, à présent, pour lui surtout, il faut que ce mystère s'éclaircisse. (*Haut.*) Mademoiselle....

ADELINE, *se levant.* A en juger par votre hésitation Monsieur, il faut que ce que vous avez à me dire vous coûte beaucoup...

LE CHEVALIER, *à part.* Ah! par exemple, voilà un aplomb! (*Haut.*) J'en conviens, Mademoiselle, c'est que... en ce moment, voyez-vous, je ne sais pas encore trop où j'en suis.

Air : *Dans son castel.*

Et je me dis) l'erreur et le mensonge
Abusent-ils et nos sens et nos yeux?
Veillons-nous bien, ou par le même songe
Sommes-nous donc poursuivis tous les deux?
A la féerie, à sa danse légende,
Depuis longtemps, en France, on ne croit plus;
En vous voyant, pourtant, je me demande
Si ces temps-là ne sont pas revenus.

ADELINE. Il n'y a ici pas plus de féerie que de songe, monsieur le chevalier. C'est bien moi que vous avez délivrée hier soir; c'est moi, que vous avez offensée d'abord, respectée ensuite, moi qui vous ai promis enfin une reconnaissance éternelle pour le service que vous m'avez rendu. Votre généreuse conduite envers une pauvre jeune fille, que vous pouviez croire alors pourtant peu digne de confiance et d'égards, a été jusqu'au bout celle d'un loyal gentilhomme, et je vous en remercie ici de nouveau.

LE CHEVALIER. J'ai tenu la promesse que je vous ai faite, c'est vrai, Mademoiselle; mais il ne faut m'en savoir trop bon gré pourtant, car j'avoue que je n'ai pas tardé à m'en repentir.

ADELINE. Comment, Monsieur?

LE CHEVALIER. Et le fait est qu'il y avait de quoi... Regardez-vous, Mademoiselle, et vous me comprendrez.

ADELINE. Ceci est plus que de la politesse, Monsieur; et dans la situation nouvelle où vous me retrouvez, vous devriez comprendre qu'il serait bien de vous en tenir là.

LE CHEVALIER. Je le comprends, oui, Mademoiselle... Je ne puis vous laisser ignorer cependant qu'il y a une partie de ma promesse que je n'ai pas tenue.

ADELINE. Vous m'avez suivie?

LE CHEVALIER. Non, mais je ne vous ai pas oubliée! parce que cela, c'était impossible..., et quand je vous ai revue tout à l'heure, ah! j'ai senti là!..

ADELINE, *souriant.* Prenez garde, voilà encore une réminiscence de la petite maison. Voyons, monsieur le chevalier, faites que je n'aie à retrancher rien de l'estime que j'avais pour vous en vous quittant. Je vous ai dit hier, quand vous me parliez comme en ce moment, que mon cœur n'était plus libre; vous savez aujourd'hui à qui il appartient. Vous êtes homme d'honneur, vous êtes l'ami d'Edouard; c'est là désormais ce qu'il ne faut pas oublier.

LE CHEVALIER. Je ne l'oublierai pas, Mademoiselle... mais puisque vous me parlez de lui, vous me pardonnerez, j'espère, de vous exprimer à mon tour le désir.

ADELINE. D'être rassuré par moi pour ce qui le regarde?.. Reconnaissez ici dans la fiancée de M. de Versenil... la pauvre fille du peuple arrêtée par le guet, il y avait là, en effet, de quoi inquiéter votre dévouement pour lui.

LE CHEVALIER. Ce n'est pas que je soupçonne rien qui puisse vous mériter le blâme dans cette mystérieuse aventure ; mais...

ADELINE. Mais... votre amitié voudrait en savoir le mot? Malheureusement, je suis forcée de vous le taire, Monsieur. Ce secret ne m'appartient pas. C'est la sauvegarde d'une renommée qui m'est plus précieuse encore que la mienne, plus précieuse même pour moi que la vie!... Voilà tout ce que je puis vous dire. Ainsi donc, au lieu de l'explication que vous pouviez vous croire en droit d'attendre, je ne vous adresserai qu'une dernière prière.

LE CHEVALIER. Une prière?

ADELINE. Oui. Pour tout le monde, pour Édouard surtout, il faut que vous m'ayez vue aujourd'hui pour la première fois.

LE CHEVALIER. Mademoiselle...

ADELINE. Vous hésitez à prendre cet engagement?.. Écoutez, monsieur le chevalier, la vérité a un accent auquel on ne se trompe pas. Regardez-moi bien, entendez-moi vous dire ici, le front haut, les yeux fixés sur vos yeux, la main levée vers le ciel : malgré toutes les apparences, malgré le mystère étrange qui l'environne, Adeline de Grandschamps est toujours restée pure et digne de l'estime des gens de bien. — Me croyez-vous, maintenant?

LE CHEVALIER. Oui, Mademoiselle, oui... Je ne veux rien savoir, je ne veux rien comprendre... Je crois à votre innocence, à votre vertu, comme je crois à la vertu de ma mère ; comme on croit en Dieu!

ADELINE. Oh! merci, Monsieur, merci pour moi, et pour tout ce qui m'est cher! (*Elle lui tend la main qu'il porte respectueusement à ses lèvres.*)

SCÈNE X.
LES MÊMES, ÉDOUARD.

ÉDOUARD, *avant de paraître.* Oui, Monsieur, oui, dans un instant... (*Ouvrant la porte.*) Enfin, ma chère Adeline, toutes les paperasses sont lues, Dieu! que cela m'a paru long!.. quant à vous, j'espère que vous aurez été contente du chevalier, et qu'il se sera piqué d'honneur, pour vous paraître digne de la bonne réputation que je lui avais faite, avant de vous le présenter.

ADELINE. Vous ne vous trompez pas, Édouard. Il est impossible, en effet, de mieux justifier, que ne l'a fait ici M. le chevalier, tout le bien que vous avez dit de lui.

ÉDOUARD, *serrant la main du chevalier.* A la bonne heure, donc!.. Cependant, je lui trouve encore l'air un peu rêveur.

LE CHEVALIER. Moi? du tout.

ÉDOUARD. Si fait, si fait... (*A Adeline.*) C'est si contraire à ses habitudes, voyez-vous, que cela saute aux yeux tout de suite... Mais je compte sur vous, pour lui rendre bientôt toute sa belle humeur!.. Je venais vous prévenir, Adeline, que votre père, nos parents et nos amis nous attendent dans le grand salon.

ADELINE. Hâtons-nous donc de les rejoindre. (*Elle présente la main à Édouard, qui remonte avec elle.*)

ÉDOUARD. Eh bien, chevalier!

LE CHEVALIER. Ah! oui. (*Il remonte à son tour.*)

ÉDOUARD. Décidément, c'est plus grave que je ne croyais! (*A ce moment, on entend frapper derrière le portrait qui masque la porte secrète.*)

ADELINE, *à part.* Ciel!

ÉDOUARD, *redescendant.* Qu'est-ce donc?.. Qui a pu frapper ainsi?

ADELINE. Je ne sais, je... (*Nouveau coup.*)

ÉDOUARD. Encore... c'est derrière ce portrait.

ADELINE, *passant de l'autre côté.* Qui cela peut-il être?.. ah! je meurs d'effroi!

SCÈNE XI.
LES MÊMES, HENRI, LA TORTUE.

HENRI, *dans le passage secret.* La Tortue! La Tortue!.. où es-tu donc?

LA TORTUE, *derrière la porte.* Où j' suis... Eh! parbleu! au but, selon mon habitude, tandis que toi, monsieur Salpêtre, tu le cherches encore.

ÉDOUARD. Que signifie?

HENRI. Tu as trouvé la porte?

LA TORTUE. Oui.

ÉDOUARD. Une porte?.. Il y a donc là un passage secret, que des malfaiteurs ont découvert sans doute? (*Il s'approche du portrait.*)

HENRI, *tout près.* Eh bien, peux-tu l'ouvrir?

LA TORTUE. Non il y a un secret, laisse-moi le chercher.

HENRI. Chercher, ce serait trop long. Nous avons un levier, enfonçons plutôt la porte.

ADELINE. Grand Dieu!

ÉDOUARD, *tirant l'épée.* Rassurez-vous Adeline. Nous sommes là, pour bien les recevoir. (*Ils se placent chacun d'un côté du portrait, la pointe de l'épée à terre. A ce moment, de nouveaux coups se font entendre, le portrait du comte est poussé violemment et l'issue secrète est ouverte.*)

HENRI. Diable de porte! tenait-elle, hein? (*Il entre et La Tortue le suit.*)

ADELINE, *se détournant et tombant sur le fauteuil près de la cheminée.* Ah! je suis perdue!

HENRI, *à La Tortue.* Un salon... une belle dame... qu'est-ce que ça veut dire?

LA TORTUE. Est-c' que j' sais, moi?

ÉDOUARD. Que veniez-vous faire ici, répondez?

HENRI, à *La Tortue*. Des officiers.

LE CHEVALIER. Notre présence dérange un peu vos projets, n'est-ce pas?

HENRI, à *La Tortue*. Ah ça, mais, pour qui nous prennent-ils donc ces Messieurs?

LA TORTUE. J'ai bien peur que ce ne soit pour des voleurs.

HENRI. Des voleurs!.. apprenez, m'sieur l'officier, qu' si not' défroqu' n'est pas brillante, nous n'en sommes pas moins de braves et honnêtes ouvriers.

LE CHEVALIER. Habiles, je ne dis pas, à en juger du moins par la manière dont vous ouvrez les portes, mais honnêtes...

HENRI. Oh! le sang me monte aux yeux!.. Taisez-vous, t'nez, ou sinon!..

LE CHEVALIER. Hein?

ADELINE, à part. Le malheureux!

ÉDOUARD. Allons, allons, il faut en finir... sonne, chevalier, pour qu'on arrête ces drôles!..

HENRI. Nous arrêter!.. (*Adeline se lève vivement et retombe aussitôt. Le chevalier, qui a remarqué le mouvement d'Adeline, ne sonne pas.*

ÉDOUARD, *rejoignant Adeline*. Remettez-vous, Mademoiselle. (*Au chevalier.*) Eh bien! qu'attends-tu donc?

LE CHEVALIER. Une réflexion que je faisais... Troubler la fête qui se prépare ici par le bruit, l'éclat d'une arrestation... leur coup est manqué, voilà l'essentiel... A ta place, moi, je les enverrais tout simplement se faire pendre ailleurs.

ÉDOUARD, à *Adeline*. Au fait, le bonheur dispose à l'indulgence... N'est-ce pas votre avis, Adeline?

ADELINE, *surmontant son trouble*. Moi?.. sans doute.

ÉDOUARD. Allons, on vous fait grâce pour cette fois, honnêtes ouvriers.

HENRI. Grâce.

ÉDOUARD. Et on vous permet de vous retirer par où vous êtes venus, on avisera plus tard aux moyens de prévenir votre retour par la même voie. Allez.

ADELINE, à *part*. Ah! sauvée!

ÉDOUARD. Eh bien! qui vous arrête encore?

LA TORTUE. Oui, au fait, qu'est-c' qui t'arrête, puisqu'on ne nous arrête plus?

HENRI. Nous en aller, en leur laissant d' nous un' pareille idée!

LA TORTUE. Qu'est-c' que ça t' fait leur idée?

HENRI. C' que ça me fait... ça m' rend fou, quoi!... et d'vant une femme encore!.. Non, mille tonnerres! je m'en irai pas, à c't' heure, avant qu'ils m'aient entendu, et qu'ils sachent comment et pourquoi nous sommes venus ici.... vous verrez, allez, Madame.... ou Mam'selle, n'importe... vous verrez qu' nous ne sommes pas des voleurs!

ÉDOUARD. Que seriez-vous donc alors?

HENRI. Écoutez, et vous le saurez.

LE CHEVALIER. A quoi bon?

ÉDOUARD. Puisqu'il demande à se justifier, il faut l'entendre.

HENRI. A la bonne heure.

ADELINE, à *part*. Que va-t-il dire, mon Dieu? et aucun moyen d'empêcher!..

HENRI. Vous saurez donc qu'hier, à l'heure où l'on quitte l'ouvrage, mon ami La Tortue, ici présent, le plus brave des compagnons orfèvres, et notre doyen...

LA TORTUE. Passe mes titres, va... je suis au-dessus d' ça.

HENRI. Vint m'avertir qu'on m'attendait à l'hôtellerie, pour m'arrêter, à cause d'une chanson contre la Pompadour. Naturellement, je file; mais pas plutôt filé, j'apprends que l' capitaine du guet, un satané Gascon...

ÉDOUARD. Un Gascon?

HENRI. Pur sang... avec qui j'avais déjà eu, le matin, un mot d'explication en douceur, furieux de me manquer, avait arrêté à ma place notre bonne Catherine...

ÉDOUARD. Une jeune fille?...

HENRI. Oui, bonne comme les anges et belle comme les fées, que j'aime, moi, plus que tout au monde!.. pour qui j' donnerais mon sang, ma vie... et jusqu'à mon salut, s'il le fallait!

LA TORTUE Pardin'! après tout c' qu'elle a fait pour lui!..

ÉDOUARD. Continuez, continuez.

HENRI. Vous entendez bien que du moment qu'elle n'était arrêtée que pour répondre de moi, je n' pouvais plus me cacher comme un lâche, un ingrat, un sans cœur...

LA TORTUE. Il ne l' pouvait plus.

HENRI. J' cours donc tout de suite à la Conciergerie. Le coupable, le v'là, que j' dis... Prenez-moi, garrottez-moi, bâtonnez-moi même, si vous vouliez, mais que Catherine soit libre!

ADELINE, à *part*. Bon Henri!

HENRI. Ça ne fait pas un pli, on m'arrête, parce que là, on s' fait jamais prier pour ça...

LA TORTUE. Jamais.

HENRI. J' demande le lieutenant de police... Tu l' verras d'main, qu'on m' répond, et on m' jette au cachot, sans me dire un mot, un seul mot de celle que j' venais délivrer... ah! les gueux!

LA TORTUE. Les gueux!

LE CHEVALIER, à *part*. C'était elle!.. (*Haut.*) C'est bien, c'est bien, en voilà assez; on vous croit sur parole pour le reste.

ÉDOUARD. Non, non, ce récit m'intéresse, moi, et je désire l'entendre jusqu'au bout.

ADELINE, *à part*. Quel supplice!

LA TORTUE. Reprends l' fil, petit, et n' ricorche pas trop.

HENRI. Aujourd'hui, au coup d' midi, le lieutenant d' police me fait enfin amener d'vant lui. — Vous avez chanté des chansons contre madame de Pompadour, me dit-il. — Oui, Monseigneur, mais je vous jure que Catherine... — C'est bien, mon garçon. — Vous êtes un brave, et la France vous saura gré de votre courage.

LE CHEVALIER. Quel rapport nous fait-il là?

HENRI. Prenez cette bourse, qu'il ajoute; je suis chargé de vous l'offrir, comme gratification, au nom de madame la comtesse Dubarry.

LE CHEVALIER. Dubarry!.. une nouvelle favorite!.. Ah! tout s'explique: changement de règne, et le criminel de la veille devient naturellement le héros du lendemain.

LA TORTUE. C'est toujours comm' ça.

HENRI. A c' moment, le Gascon d' malheur arrive... j' veux sauter d'sus, on me retient... et le mossou se met à raconter comme quoi, malgré sa sa grande bravoure, une troupe de jeunes seigneurs avinés...

LE CHEVALIER, *à part*. Aïe! aïe!

HENRI. A enlevé à son escorte la jeune fille qu'il avait arrêtée à ma place, comme son devoir et son dévouement à madame de Pompadour le lui commandaient. Vous êtes un sot, lui dit le magistrat.

LE CHEVALIER. Très-bien.

HENRI. On a eu raison de délivrer cette jeune fille, et vous garderez les arrêts, vous, Monsieur, pour l'avoir injustement arrêtée.

LE CHEVALIER. Bravo!

LA TORTUE, *froidement*. Bravo! bravo!

HENRI. C'est c' que j'ai dit aussi, et sans en d'mander davantage, sachant que not' bonne Catherine était libre, j'ai vite couru à l'hôtellerie pour la r'trouver... Mais personne ne l'avait vue... j' frappe à la porte de sa chambre, rien... je crie... j'appelle partout... pas d' réponse... Désespéré, presque fou, je cherche dans tous les coins et recoins d' la maison, et je renverse tout, en courant, jusqu'à ce l' brave La Tortue, qui n' courait pas, lui...

LA TORTUE. Parbleu!

HENRI. Mais qui réfléchissait, appuyé contre le grand bahut... La Tortue tombe donc; le bahut tombe avec... et à sa place, nous voyons un corridor sombre... nous y entrons bien vite, et,... vous savez l' reste.

LA TORTUE. Vous savez le reste.

EDOUARD, *froidement*. Il suffit. Maintenant, vous pouvez vous retirer.

LA TORTUE, *à Henri*. Nous pouvons nous retirer.

HENRI. Oui, mais puisque nous ne l'avons pas trouvé ici, il faut que nous r'tournions tout d' suite...

LA TORTUE. Où ça?

HENRI. J' te l' dirai. (*Il sort.*)

LA TORTUE. Quand tu voudras. (*Il sort.*)

EDOUARD. Sortez donc!

LA TORTUE. Voilà, voilà... Oh! je n' cours pas, moi.

EDOUARD, *refermant le portrait*. Toi, chevalier, va trouver M. le marquis... dis-lui... qu'avant la signature, sa fille... a désiré m'entretenir un moment... et que j'espère... que nous pourrons bientôt le rejoindre.

LE CHEVALIER. Oui, mon ami... (*Bas, à Adeline, en la saluant.*) Il n'y a pas de ma faute... Mais vous pourrez vous justifier devant lui...

ADELINE, *pleurant*. Me justifier...

EDOUARD, *au chevalier*. Va, mon ami. (*Le chevalier s'incline de nouveau devant Adeline et sort. Edouard a refermé la porte secrète. Il fait glisser le portrait à sa place, en croisant ensuite les bras, il regarde un moment Adeline en silence.*)

SCENE XII.

EDOUARD, ADELINE.

ADELINE, *à part*. Ma mère, ma mère!.. voilà ma plus cruelle épreuve!

EDOUARD. Adeline... Mademoiselle, n'avez-vous rien à me dire?

ADELINE. Moi?.. Non, Monsieur.

EDOUARD. Ce sera donc à moi de parler alors, et peut-être croirez-vous au moins devoir me répondre. La jeune fille arrêtée hier par le guet, et délivrée par le chevalier... c'était vous.

ADELINE, *très-simplement*. Oui, Monsieur, c'était moi.

EDOUARD. Celle qui était ici, il n'y a qu'un instant, l'objet d'une tendresse si vive, d'un enthousiasme si ardent, de la part d'un pauvre ouvrier, cette Catherine enfin, bonne comme les anges, belle comme les fées... pour qui cet homme aurait donné sa vie et son salut... c'était vous!..

ADELINE. C'était moi.

EDOUARD. Cette issue secrète qui, de votre appartement... communiquait à l'hôtellerie de ce M. Henri... vous la connaissez?..

ADELINE. Je la connaissais.

EDOUARD. Et c'est par là que, sous un nom emprunté, sous un travestissement indigne de votre rang, vous alliez trouver chaque jour...

ADELINE. Mon Dieu, Monsieur, à toutes vos questions, je n'aurai à faire que la même réponse: oui.

EDOUARD. Et quand c'est votre fiancé, l'homme qui allait vous donner son nom, vous confier son honneur, qui est devant vous et vous interroge, vous n'aurez rien à ajouter à cette réponse?

ADELINE. Rien.

ÉDOUARD. Oh! c'est à en devenir fou!... Mais non, non, j'ai mal entendu, je rêve!... Adeline, vous n'expliquerez rien?..... vous ne justifierez rien?...

ADELINE. Je sais à quoi va m'exposer mon silence, Édouard, vous ne m'aimerez plus, car vous ne pourrez plus m'estimer... Perdre votre estime, votre amour, c'est, croyez-le bien, jeter le deuil sur toute ma vie; mais il ne dépend pas de moi qu'il en soit autrement... je ne dois pas parler, je ne parlerai pas.

ÉDOUARD, *d'un ton suppliant.* Adeline!

ADELINE. Et vous me fuirez, vous, vous me fuirez en maudissant le jour où vous m'avez connue.

ÉDOUARD. Adeline!...

ADELINE.

Air: *Me rendrez-vous votre amitié de sœur?*
(Blanche et Blanchette).

Oui, le mépris et le soupçon infâme
Vont désormais s'élever entre nous;
Et cependant, Dieu qui lit dans mon âme,
Sait que je suis toujours digne de vous!
En me faisant un si triste partage,
Ah! je l'espère, au moins, son équité
Me donnera la force et le courage
Contre un malheur qui n'est pas mérité.

ÉDOUARD. Mais pourquoi ce mystère enfin, pourquoi ce silence?... Voyons, Adeline, au nom de cet amour, que vous croyez prêt à s'éteindre dans mon cœur et qui ne pourrait y mourir pourtant sans me tuer moi-même... au nom... de votre père, dont vous êtes l'idole... de votre mère, de votre bonne et sainte mère, Adeline, ne parlerez-vous pas?...

ADELINE, *avec larmes.* Ma mère!...

ÉDOUARD. Eh bien?...

ADELINE. Ah! si vous saviez ce que je souffre, Monsieur, vous me prendriez en pitié!

ÉDOUARD. Et moi, moi!... vous ne comprenez donc pas que c'est l'enfer que m'a apporté le récit de cet homme?... Adeline, voulez-vous que je tombe à vos genoux, que je vous supplie, les mains jointes, comme on implore Dieu, de m'ôter de l'âme cette torture?... Adeline, parlerez-vous enfin?...

ADELINE, *avec un effort suprême.* Non, je ne le puis.

ÉDOUARD, *avec douleur.* Ah! vous me trompiez donc?... Vous ne m'avez jamais aimé!

ADELINE, *péniblement.* Voilà ce que j'attendais!... (*A part.*) Est-ce assez, mon Dieu!...

ÉDOUARD. Et si je vous disais: Eh bien! soit, gardez-le avec moi ce silence que rien n'explique, que rien ne fait comprendre... c'est un de-

voir sacré qui vous l'impose, je veux le croire... mais qu'au moins ce qui restera un secret pour votre fiancé, n'en soit pas un pour votre père...

ADELINE. Mon père!...

ÉDOUARD. Promettez-moi de tout lui révéler... C'est le plus franc et le plus loyal des hommes... eh bien! si après vous avoir entendue, il ne rompt pas lui-même l'union projetée entre nous, malgré ce qui s'est passé cette nuit, malgré tout ce que j'ai vu et entendu ici tout à l'heure... sans lui demander compte de rien... cette union aura lieu, et il ne restera dans mon esprit aucun soupçon, aucun doute même sur votre innocence, je vous le jure!... Parlerez-vous à votre père, Adeline?...

ADELINE. A lui?... à lui moins qu'à personne, Monsieur... et le ciel sait pourquoi!

ÉDOUARD. En être réduite à se cacher même d'un père!...

ADELINE. Vous ne pouvez comprendre cela... et votre mépris pour moi va s'en augmenter encore... La pitié, qui vous était entrée au cœur, à la vue de mes larmes, y fera place à l'indignation... ce ne sera plus assez pour vous de me fuir, vous voudrez me perdre peut-être... eh bien! que tout cela s'accomplisse, si Dieu le veut... je m'y résignerai... jusqu'à ce que j'en meure!...

ÉDOUARD. Vous perdre, moi!... Ah! vous m'avez fait bien malheureux!... mais vous condamner à une de mes douleurs, reporter sur vous une de mes tortures, ce serait les doubler encore!... Non, Mademoiselle, non, je ne vous perdrai pas, je vous sauverai, au contraire.

ADELINE. Que voulez-vous dire?

ÉDOUARD. Dans la situation où nous sommes maintenant vis-à-vis l'un de l'autre, notre mariage est devenu impossible... vous l'avez compris.

ADELINE, *avec une douloureuse dignité.* Oui, Monsieur.

ÉDOUARD. Mais refuser moi-même votre main, ce serait vous flétrir, vous marquer d'une tache indélébile aux yeux du monde... voilà ce que je ne puis vouloir, ce que je ne veux pas... c'est donc vous qui me refuserez.

ADELINE. Moi?...

ÉDOUARD. Il le faut, Mademoiselle, pour préserver votre nom de souillure.

ADELINE. Ah! Monsieur, tant de générosité!...

ÉDOUARD. Générosité, dites-vous... ah! si vous pouviez lire dans mon âme, vous verriez qu'en dépit de tout, c'est encore un autre sentiment qui la domine et m'inspire ici... Ainsi donc, devant votre père, devant nos parents, nos amis, vous me refuserez. Le véritable secret de cette rupture ne sera connu que du chevalier et de moi: ce secret sera aussi sacré pour l'un que pour l'autre, je vous le promets. Dès lors, aux yeux de tous, les torts ne seront qu'à moi seul, à moi seul aussi le blâme, et votre honneur sera sauf... voilà ce que je veux.

Même air que ci-dessus.

Séchez vos pleurs, et n'ayez plus de crainte,
Sur votre front quand, malgré tout, encor
Je vois dans l'ombre une auréole sainte,
J'y veux laisser ce précieux trésor!
Si la douleur devient mon seul partage,
Qu'au moins par tous votre nom respecté
Me donne aussi la force et le courage
Contre un malheur qui n'est pas mérité!

       (Le Marquis paraît.)

ADELINE. Mon père!... *(Elle essuie vivement ses larmes.)*

SCÈNE XIII.

LES MÊMES, LE MARQUIS, LE CHEVALIER, AUTRES TÉMOINS ET AMIS, puis JOSEPH.

LE MARQUIS, *en entrant.* Il faut donc que nous venions vous chercher?... *(A Adeline.)* Ah ça mais, mon enfant, que pouvais-tu avoir à demander à M. de Verneuil pour y avoir mis un temps pareil? Un congrès de diplomates aurait vraiment moins duré!

ADELINE. Mon père...

LE MARQUIS. Voyons, voyons, plus de retard. *(On entend un grand bruit dans la coulisse.)* Quel est ce bruit?

JOSEPH. C'est un officier du guet, monsieur le marquis.

LE MARQUIS. Un officier du guet?

JOSEPH. Qui, suivi d'exempts, d'ouvriers et de soldats, se présente, au nom du lieutenant de police, pour faire une perquisition dans cet hôtel.

LE MARQUIS. Une perquisition chez moi!... Dites à cet officier...

JOSEPH. Le voilà, monsieur le marquis. *(Le capitaine paraît suivi de Henri, de La Tortue et de soldats du guet.)*

ADELINE, *à part, avec effroi.* Cet homme ici!

SCÈNE XIV.

LES MÊMES, LE CAPITAINE, HENRI et LA TORTUE, puis MARTHE; DEUX SOLDATS DU GUET, qui s'arrêtent dans le fond.

LE CAPITAINE, *après plusieurs saluts.* Je suis véritablement confus, mossou le marquis.

LE MARQUIS. C'est bien, c'est bien, allons au fait. Quel peut être le but, Monsieur, de la perquisition que vous vous dites chargé de faire chez moi?...

LE CAPITAINE. Une bagatelle, mossou le marquis, une simple bagatelle... Il ne s'agit que de retrouver une jeune fille, qué mon dévoir il m'avait contraint d'arrêter hier soir, à mon grand regret, et qui a été ensuite enlevée à mon escorte par une bande de mauvais sujets.

LE MARQUIS. Et en quoi cela peut-il me regarder, s'il vous plaît?

LE CAPITAINE. Voici, mossou le marquis, voici. C'est qué ces drôles qui l'appellent leur mère, ne l'ayant pas revue depuis ce moment, viennent dé m'accuser devant Monseigneur de l'avoir fait disparaître moi-même dans un but coupable et personnel, et qué Monseigneur il m'a déclaré que si dans une heure elle ne leur était pas rendue, je serais cassé comme un manant.

LE MARQUIS. Mais cela ne me regarde pas davantage, ce me semble.

LE CAPITAINE. Pardonnez-moi, mossou le marquis, car il résulte du rapport de mes agents que la susdite fille est entrée vers une heure du matin dans cet hôtel, et n'en est pas sortie depuis.

LE MARQUIS. Voilà qui est étrange!.. Entends-tu cela, ma fille?

ADELINE. Moi?...

LE CHEVALIER. C'est absurde!.. Vos agents n'ont pas le sens commun, mon cher capitaine. Ce jeune homme aussi croyait que la personne dont vous parlez était ici; on lui a dit qu'il se trompait, et il s'est retiré, et c'est ce que vous avez de mieux à faire à votre tour... N'est-ce pas, Édouard?

ÉDOUARD, *froidement.* Oui, c'est mon avis. J'ai comme toi la conviction que Monsieur ne peut trouver la personne qu'il cherche dans cet hôtel.

LE CAPITAINE. Vous avez probablement raison tous les deux, Messieurs, mais mes ordres sont trop formels pour que je ne les exécute pas jusqu'au bout.

LE MARQUIS. Il suffit, Monsieur, attendez-moi dans ce salon avec ces braves gens. Je ne tarderai pas à vous y rejoindre. Allons, viens, Adeline. *(Adeline ne paraît pas entendre et ne bouge pas.)*

LE CAPITAINE, *à part.* Adeline!

LE MARQUIS, *allant prendre Adeline par la main.* Mais viens donc, mon enfant.

LE CHEVALIER, *à part.* Que faire? *(Adeline s'est levée et se laisse conduire machinalement, et arrive ainsi devant la glace.)*

HENRI, *la voyant dans la glace, à part.* Elle!.. C'est elle!

MARTHE, *bas.* Tais-toi ou tu la perds!..

HENRI, *bas.* Soyez tranquille, j'emmènerai tout à l'heure c'damné capitaine, et on n'saura rien.

LA TORTUE. On n'saura rien. *(Se voyant dans la glace, Adeline réfléchit que ceux qui sont derrière elle pourront l'y voir, et gagne vivement le fauteuil de gauche.)*

LE MARQUIS. Qu'as-tu donc, ma fille?..

ADELINE. Moi?... Cette scène inattendue... je souffrais, je...

LE MARQUIS. Ma pauvre Adeline!.. Marthe!... Marthe!.. son flacon?

ADELINE. C'est inutile... Je me sens mieux, maintenant.

LE MARQUIS. Vraiment?... Donnez-lui donc la main, Édouard, et partons. (*Le marquis remonte le premier et paraît rassurer les témoins.*

ÉDOUARD, *bas, à Adeline.* Voulez-vous parler à votre père?

ADELINE, *de même.* Je vous ai dit que je ne le pouvais pas.

ÉDOUARD. Refusez donc alors, il le faut.

ADELINE. Oui, Monsieur.

LE MARQUIS. Eh bien?

ADELINE. Mon père!..

LE MARQUIS. Quoi?.. Qu'y a-t-il encore?

ADELINE, *avec effort.* Je ne puis vous suivre... Ce mariage... est impossible.

LE MARQUIS, *et tout le monde.* Impossible!..

LE CHEVALIER, *bas.* Elle n'a donc rien dit!

LE MARQUIS. Impossible!.. mais c'est de la démence!.. M'expliquera-t-on au moins?..

ÉDOUARD. J'ai eu des torts, Monsieur... des torts dont j'ai vainement espéré et demandé le pardon. Le refus de Mademoiselle me les fait bien cruellement expier aujourd'hui!.. Je dois pourtant respecter ce refus que je n'espère pas vaincre... Et il ne me reste plus qu'à me retirer, en ajoutant ici, devant tous, à l'expression de mes regrets, le nouveau témoignage de mon respect et de mon estime profonde pour vous et pour votre fille bien-aimée.

ADELINE, *suffoquée par les larmes.* Mon Dieu!

ÉDOUARD. Viens, chevalier... Adieu, Monsieur... Adieu, Mademoiselle... Ah! Dieu vous fasse plus heureuse que moi! (*Il s'éloigne.*)

LE MARQUIS. Tu ne le rappelles pas?

ADELINE. Non. (*Elle s'évanouit. Mouvement général d'intérêt. — La toile baisse sur ce tableau.*)

FIN DU DEUXIÈME ACTE.

ACTE TROISIÈME.

Le théâtre représente le jardin de la maison de plaisance du marquis de Grandschamps ; à droite de l'acteur, mur de clôture, masqué en partie par une charmille, et une petite grille donnant sur le bois de Boulogne ; à gauche, au deuxième plan, un pavillon avec perron, tenant au château qui est hors la vue du public ; une fenêtre de ce pavillon ouvre sur l'avant-scène, et a des persiennes. Çà et là, des vases et des statues ; près du pavillon un banc de jardin.

SCÈNE PREMIÈRE.

LA TORTUE, *puis* EUSTACHE, TOTO, FRAN-ÇOIS, JÉRÔME, COLAS ET LES AUTRES COMPA-GNONS ORFÈVRES.

(*La Tortue entre le premier, et donne un coup d'œil à droite et à gauche, comme pour reconnaître la localité.*)

LA TORTUE, *à lui-même.* C'est bien ici. (*Retournant à la grille.*) Entrez, entrez, flâneurs... nous v'là au bout d' not' route.

TOTO. Ah çà, doyen, où donc qu' vous nous avez conduits?

LA TORTUE. Je vous ai conduits, où on m'a dit d' vous mener, ou, si vous aimez mieux, je vous ai menés, où on m'a dit de vous conduire.

EUSTACHE. Mais c'est pourtant pas ici, l'auberge du *Faisan doré* de Boulogne-sous-Bois, où c'qu'on d'vait fricoter le r'pas d' noce du camarade Henri.

LA TORTUE. Ça n'est pas ici une auberge, c'est vrai; mais on y fricotera tout d' même, et crânement, j' vous prie de l' croire. Le cuisinier en chef de l'établissement est un lapin qui a étudié le civet, la fricassée et autres légumes, dans les quatre parties du monde, où c' qu'il a suivi l' brave amiral marquis d' Grandschamps, son maître, qui, pour le quart d'heure, vous invite à dîner dans son château.

TOTO. Ah ben, c'est bon!

LA TORTUE. J'espère que ça sera bon.

EUSTACHE. Et d'où vient donc qu'un marquis, un grand seigneur, nous fait l'honneur d'une invitation pareille?

LA TORTUE. Ça vient de c' que l' camarade Henri est filleul de notre bonne vieille Marthe; de ce que notre bonne vieille Marthe est femme de charge du château ; de c'que la fille du marquis a pour cette brave vieille une affection quasi filiale, et qui naturellement ricoche sur tout c' qui l'intéresse. Ça vient enfin, de c' que l' marquis est un grand seigneur d'un genre à part, un bon et franc marin, qui estime par-dessus tout la probité et l' travail, et qui, par conséquent, n' croit pas du tout s'encanailler, en r'cevant à sa table des honnêtes gens. Êtes-vous des honnêtes gens, oui ou non ?.. Que ceux qui n' sont pas des honnêtes gens s'en r'tournent sans dîner... Personne ne bouge ?

EUSTACHE. Pardine ! vous d'viez bien vous y attendre.

LA TORTUE. Je m'y attendais. Mais c' n'est pas tout : il paraît que M. le marquis aime aussi la gaieté sans façon du peuple, et la conversation de l'ouvrier quand elle est spirituelle. Avez-vous d' l'esprit, oui ou non ? que ceux qui sont bêtes s'en aillent... Personne ne bouge ?

TOTO. Personne, doyen, pas même Eustache.

EUSTACHE. Hein !

LA TORTUE. Je ne m'y attendais pas.

EUSTACHE. Ah ! mais dis-s donc.

LA TORTUE. Suffit. J' vous ai donné l'explication de la chose, relativement au banquet d' noce ; il ne s'agit plus maintenant que d'aiguiser vos quenottes, pour y faire honneur, et de préparer vos gosiers à flûter le champagne de l'amiral, en place du petit bleu aigrelet du *Faisan doré*... C'est désagréable, j'en conviens, mais faut savoir se faire une raison... Eh ben, à quoi qu' tu rêves, toi, mossieu Eustache ? Est-c' qu'il y a encore dans tout ça queuqu' chose qui t'interloque ?

EUSTACHE. Eh ben, oui, nâ, et c' qui m'interloque, c'est d' penser qu' not' bonne petite mère ne sera pas là pour partager not' joie.... Mais qu'est-c' qu'elle peut être devenue, j' vous l' demande ?

LA TORTUE. On t'a déjà dit, curieux, qu'Henri le sait, et qu'il sait aussi qu'il ne lui est pas arrivé d' malheur... V'là l'essentiel : le reste ne nous regarde pas... et puis, c'est pas tout ça.

Air : *Dis-moi, t'en souviens-tu ?*

Dis-vous qu' c'était un ang' comme sa mère,
Du ciel, un jour, parmi nous descendu,
Pour nous secourir, nous montrer à bien faire,
En nous donnant l'exempl' de la vertu.
Dis-vous enfin que c't ange, dont la vie
Comptait chaque heur' par un servic' rendu,
Manquait là-haut, et qu' sa tâche finie,
Il est r'tourné d'où c' qu'il était venu !

TOTO, *regardant aussi le ciel*. Je n' crois pas qu'elle soit allée si haut qu' ça, moi, et j'ai idée...

LA TORTUE. En qualité de doyen, Toto, je te défends d'avoir des idées... là-d'sus.

TOTO. Ça suffit, on s'y conformera. (*À part.*) Heu !... tout c' mystère... (*Haut.*) Tiens, qui donc qui court là-bas comme un lièvre, père La Tortue ?.. on dirait d'Henri...

LA TORTUE, *regardant aussi*. Il va s' gonfler la rate, bien sûr, et un jour de noce, ça pourra l' gêner... N' cours donc pas, petit, n' cours donc pas !

SCÈNE II.

LES MÊMES, HENRI.

HENRI, *essoufflé*. Ah ! vous voilà, mes amis.... vous n'avez encore vu personne du château ?

LA TORTUE. Non, personne.

HENRI. Ah ! tant mieux ! écoutez-moi tous. Mes amis, depuis que notre bonne petite mère Catherine a été forcée de nous quitter, par des raisons que je sais, moi, mais que je n'ai pas pu vous dire, sur la demande que je vous en ai faite en son nom, vous avez tous juré de ne jamais chercher à découvrir sa retraite, et vous avez tenu ce serment, n'est-ce pas ?

TOUS. Oui, tous.

HENRI. Vous avez promis encore que si jamais le hasard l'amenait un jour devant vous, n'importe où, n'importe comment, vous sauriez cacher votre joie, et la regarder sans la reconnaître. Vous avez promis cela, comme Mariette me l'a promis aussi, parce que je vous ai dit que la reconnaître, ce serait la perdre, et lui rendre chagrin et malheur pour tout le bien qu'elle vous a fait... Eh bien ! mes amis, ce serment-là, le tiendrez-vous comme l'autre ?

TOUS. Oui, oui ! tous ! (*On entend la cloche de la paroisse.*)

LA TORTUE. Entends-tu, petit ? v'là la cloche qui annonce ton bonheur... Et, tiens... il paraît qu' la p'tite Mariette l'a entendue comme nous, car la v'là qui arrive avec son père, et les demoiselles de noce... Allons, bon, elle court aussi... tout l' monde s'en mêle !

HENRI. Attends-les avec eux. (*Avec intention.*) Moi, je vais prévenir mademoiselle Adeline.

LA TORTUE. Très-bien, oui, je comprends. (*Henri entre dans le pavillon.*)

SCÈNE III.

LA TORTUE, TOTO, EUSTACHE, JÉROME, FRANÇOIS, COLAS, LES AUTRES COMPAGNONS, MARIETTE, SON PÈRE, LES DEMOISELLES DE NOCE, DEUX MÉNÉTRIERS.

MARIETTE. Ah çà, mais qu'est donc devenu

M. Henri? depuis ce matin, il ne tient pas en place.

LA TORTUE. Faut pas lui en vouloir pour ça, la petite bourgeoise... c'est l'effet de la joie, voyez-vous... ça lui met comme des fourmis dans les mollets, au petit... mais une fois marié, soyez tranquille, ça se passera.

MARIETTE. Oh! vous, père La Tortue, vous l'excusez toujours... Où est-il, enfin, je vous le demande?

LA TORTUE. Pour le moment, il est allé prévenir mademoiselle Adeline de votre arrivée.

MARIETTE. Ah! c'est bien heureux qu'il ne soit pas perdu! (*Allant au pavillon.*) Ah! v'là mam'selle Adeline.

SCÈNE IV.

LES MÊMES, ADELINE, LE MARQUIS, HENRI, MARTHE, LES DEMOISELLES DE NOCE.

(*Adeline paraît la première, sur le haut du perron; à son aspect, tous les compagnons font un mouvement, qui est comprimé aussitôt par La Tortue. Le marquis vient donner la main à sa fille, descend avec elle et fait le tour du cercle des invités en les saluant affectueusement. Marthe porte, sur un coussin, la couronne et le bouquet de la mariée. Le vieux Joseph porte un second coussin, qu'il pose à terre, au milieu du théâtre, et sur lequel Mariette s'agenouille pour recevoir la couronne et le bouquet des mains d'Adeline. Tout cela s'exécute pendant que l'on chante le chœur suivant.*)

Air nouveau de M. Oray.

LES GENS DE LA NOCE ET LES COMPAGNONS.

Doux moment!
Leur serment
Sincère et tendre
Va s'faire entendre.
Bientôt, heureux époux,
Bientôt pour vous
Nous prirons tous. (*bis.*)
Regardez, (*bis.*) amis, qu'elle est belle!
c'est bien elle!
Tous nos vœux sont pour elle,
Et toujours bonne et belle;
Allons à Dieu d'mander en chœur
Son bonheur!
Doux moment! etc.

ADELINE. Ma bonne Mariette, puissent cette couronne et ce bouquet que j'ai été si heureuse de faire pour toi, te porter bonheur autant que je le souhaite!

MARIETTE. Oh! merci, mam'selle, merci!

ADELINE. Henri, c'est de vous seul, maintenant que dépend l'accomplissement de mon vœu.

HENRI. Je ne l'oublierai pas, Mademoiselle, je vous le promets.

MARTHE. Et moi, je réponds de lui.

MARIETTE, *prenant son bras.* Pour commencer, Monsieur, à partir de ce moment, vous ne me quitterez plus.

TOTO, *aux autres.* Faudra qu'elle l'attache bien pour ça.

LA TORTUE. Silence, Toto!

LE MARQUIS. À présent, mes amis, il faut bien vite vous rendre à l'église, mon Adeline n'étant pas encore assez bien remise pour vous accompagner, je resterai ici avec elle, et nous nous joindrons tous deux de cœur à vos prières, pour appeler les bénédictions du ciel sur les jeunes époux. Allez, mes amis. (*Le cortège sort par le fond, à gauche, sur le motif du chœur précédent.*)

SCÈNE V.

LE MARQUIS, ADELINE.

ADELINE. Que vous êtes bon, mon père!

LE MARQUIS. Moi, chère enfant! mais si je fais un peu de bien, c'est parce que je devine celui que tu veux faire... Ah! si en allant ainsi au-devant de tes vœux, j'avais au moins la certitude d'éloigner de toi toute souffrance!

ADELINE. Mais je ne souffre plus, mon père... un peu de fatigue et de faiblesse seulement.

LE MARQUIS. Mais c'est ton pauvre cœur qui souffre!...

ADELINE. Mon cœur... jamais il n'a été plus calme, plus heureux!

LE MARQUIS. Heureux?

ADELINE. Oui, heureux de votre tendresse, de jour en jour plus vive pour moi... heureux aussi du bonheur que le ciel m'a permis d'assurer à d'autres.

LE MARQUIS. Et cependant, tout à l'heure, quand tu remettais à la fiancée de Henri ce bouquet de mariée, que tu avais préparé toi-même avec tant de joie, disais-tu, il m'a semblé que ta main tremblait, que le sourire avait peine à rester sur tes lèvres, et que tu as pâli... et ce n'était pas là de la souffrance?

ADELINE. Non, mon père, croyez-moi.

LE MARQUIS. Édouard!.. Édouard!.. mais qu'a-t-il donc pu faire, pour l'amener à renoncer ainsi brusquement?..

ADELINE. Vous aviez promis de ne plus m'adresser de questions à ce sujet. M. Édouard n'a-t-il pas reconnu, déclaré lui-même, devant vous, que notre union était devenue impossible? Cela doit suffire, je pense...

LE MARQUIS. Pour me prouver que lui seul a eu des torts, oui, sans doute... Mais quels sont ces torts enfin? et n'ai-je point à les punir?

ADELINE. Vous aviez promis aussi de renoncer, à cet égard, à toute pensée de réparation.

LE MARQUIS. C'est vrai, oui... mais, combien j'ai eu tort de le promettre!

ADELINE. Vous l'avez promis, sur votre honneur de marin.

LE MARQUIS. Parce que je ne sais rien te refuser... parce que, moi, inflexible jusqu'à la dureté sur mon bord, je suis ici soumis comme un mousse, quand tu commandes.

ADELINE, *souriant.* Quand je commande?

LE MARQUIS. Non, quand tu pries; mais c'est la même chose. (*Joseph paraît au fond.*) Que voulez-vous?.. (*Joseph lui remet une lettre et sort.*)

LE MARQUIS, *après avoir lu, à part.* Ah! c'est odieux!

ADELINE. Qu'avez-vous, mon père?

LE MARQUIS. Rien, rien.

ADELINE. Rien?.. et votre voix est émue, votre regard irrité... que vous apprend donc cette lettre?

LE MARQUIS. Rien qui t'intéresse, rien qui te regarde, mon enfant.

ADELINE. Vous voulez me tromper, mon père... Cette lettre m'intéresse et me regarde... montrez-la-moi.

LE MARQUIS. Ma pauvre Adeline!.. Ah! c'est à présent surtout que je comprends combien tu as eu raison de rompre un hymen indigne de toi!.. Tiens, lis donc, puisque tu le veux. (*Adeline prend la lettre et lit. Aux premiers mots, un léger frémissement trahit son émotion; mais elle domine ce premier mouvement et achève avec calme sa lecture. Le marquis suit avec anxiété les impressions qu'elle éprouve.*)

LE MARQUIS. Eh bien?

ADELINE. Eh bien, mon père, cette lettre nous annonce le prochain mariage de M. Édouard de Verseuil. Nous devions nous y attendre, et je ne vois là rien qui doive vous irriter.

LE MARQUIS, *avec une colère contenue.* Mais me donner ainsi cette nouvelle, après ce qui s'est passé, c'est une insulte!

ADELINE. Une insulte, et en quoi?.. qui vous prouve d'ailleurs que ce soit M. Édouard qui vous ait fait adresser cette lettre?.. Dans notre situation mutuelle, ce serait, en effet, peu convenable, peu digne de sa part... et je le crois incapable de rien de pareil... mais laissons cela. Vous savez que maintenant nos pensées doivent appartenir à d'autres.

LE MARQUIS, *lui prenant la main.* Adeline!.. Ah! tu es une noble et courageuse fille!.. Tu vaux cent fois mieux que moi! (*L'orchestre exécute en sourdine le motif du dernier chœur.*)

ADELINE. Écoutez, mon père... c'est le cortège qui rentre au château, et se rend à la salle du banquet. Vous avez promis à ces braves gens d'en faire les honneurs... Rejoignez-les donc... et ne leur portez pas surtout cet air triste et sévère... (*Souriant.*) Cela ferait trop disparate avec leur joie.

LE MARQUIS. Mais ne viens-tu pas, toi!

ADELINE. Non... il me reste quelques rubans à attacher à la robe de bal de Mariette... Et puis, vous le savez, je suis un peu faible encore... L'aspect de leur bonheur me ferait grand plaisir sans doute... mais le bruit pourrait me fatiguer, et je veux garder des forces pour ce soir.

Air nouveau de M. Oray.

Allez, par votre présence,
Ajouter à leur bonheur.
Allez, leur reconnaissance
Paîra votre noble cœur!
LE MARQUIS.
Il faut donc que j'obéisse...
Mais me suivre eût été mieux.
ADELINE.
Être aimable... est un service
Que vous ferez bien pour deux.

ENSEMBLE.

LE MARQUIS.
J'obéis, mais ton absence
Dominera leur bonheur.
Puisse du moins la souffrance
Ici fuir enfin ton cœur!
ADELINE.
Allez, par votre présence, etc.

(*Le Marquis s'éloigne après l'avoir embrassée.*)

SCÈNE VI.

ADELINE, *seule.* Parti... ah! je puis donc pleurer enfin... j'étouffais, je... Il se marie!.. (*Reprenant la lettre.*) Voyons encore... (*Elle lit.*) « Monsieur le comte et madame la comtesse de Ver-

« seuil... ont l'honneur de vous faire part du mariage
« du chevalier Charles Édouard de Verseuil, leur
« fils... avec... mademoiselle Louise de Sédagos...
« La bénédiction nuptiale aura lieu...» « O ma mère,
ma mère!..

Air : Loin de ta mère (Paul Henrion.)

C'en est donc fait, il prend une autre femme!
Du dévoûment tel est, pour moi, le prix.
Le doute même a fui loin de son âme,
Pour n'y laisser, hélas! que le mépris.
Voilà ma part... et le ciel l'a permis!
Sous tant de coups mon courage succombe...
Et cependant, pour ranimer mon cœur,
Je puis me dire au moins, dans ma douleur:
Le nom gravé, ma mère, sur ta tombe,
Ce nom chéri conserve son honneur!
Repose en paix, ma mère, dans ta tombe;
Ton nom chéri conserve son honneur!

SCÈNE VII.

ADELINE, HENRI.

HENRI, *à part.* Ah! la voilà!.. mon Dieu! elle pleure! (*Haut.*) Mademoiselle...

ADELINE, *cherchant à se remettre.* Henri... Vous ici, en ce moment... Mariette se plaindra encore de vous, et me dira de vous gronder.

HENRI. Pour cette fois, non, car c'est elle qui m'envoie.

ADELINE. Elle?

HENRI. Elle, et toute la noce, qui s'inquiète de ne pas vous voir, et me dépêche en ambassade, pour vous enlever.

ADELINE. Est-ce bien vrai, ce que vous dites là?.. Mon père a dû vous prévenir, cependant, que je ne me joindrais à vous, que pour le bal.

HENRI. Monsieur le marquis?.. Oui, je conviens qu'il nous a dit quelque chose comme ça : mais ce n'était pas assez pour me rassurer, moi... et alors, je me suis échappé un instant...

ADELINE. Là, j'en étais sûre.

HENRI. Écoutez donc, est-ce que je peux m'amuser, moi, entendre chanter et rire, quand je pense que vous, vous n'êtes pas heureuse, que seule ici...

ADELINE. Qui vous a dit cela?

HENRI. Qui?.. Vous croyez donc que je n'ai pas des yeux, que je ne sens rien, que je ne comprends rien?

ADELINE. Aujourd'hui, vous avez mal compris, mon ami.

HENRI. Mal compris... et pourtant, vous pleuriez, tout à l'heure.

ADELINE. Moi?...

HENRI. Oui, vous pleuriez,... et en ce moment encore... pleurer, souffrir, vous, à qui le ciel ne pourra jamais envoyer assez de bonheur, en échange de tout le bien que vous avez fait!.. Oh! cette idée-là, voyez-vous, ça me bouleverse, ça m'étouffe, ça me rend fou!.. Quelqu'un vous a-t-il offensée?.. faut-il vous défendre, vous venger?.. faut-il me battre, me faire tuer pour vous?.. Parlez, mais parlez donc, que je vous sois bon à quelque chose enfin!

ADELINE, *souriant.* Vous faire tuer, un jour de noce... le moment serait mal choisi.

HENRI. Il n'y a pas de moment qui tienne!... Qu'est-ce que je dois faire, voyons, pour m'acquitter un peu envers vous?

ADELINE. Vous avez déjà fait, mon bon Henri, tout ce que je pouvais désirer et attendre de votre affection pour moi.

HENRI. Par exemple!

ADELINE. Oui, vous avez dompté votre caractère, renoncé à vos mauvaises habitudes : rangé, économe, assidu au travail, vous êtes devenu, en peu de temps, le premier ouvrier, le premier artiste, pourrais-je dire, de votre état; votre conduite exemplaire enfin vous a mérité la main de l'honnête et gentille compagne que ma mère vous avait choisie; et vous avez accompli ainsi son vœu le plus cher!.. que pouviez-vous donc faire de mieux pour moi?

HENRI. Et à qui dois-je tout cela?

ADELINE. Mais à vous-même, mon ami.

HENRI. A moi, ah! bien oui!... Cette révolution qui s'est tout d'un coup opérée en moi, depuis le jour où j'ai retrouvé et reconnu notre hôtesse chérie de *Saint-Éloy*, dans le salon du marquis de Grandschamps, écoutez, Mademoiselle, et vous saurez ce qui l'a causée.

Air de la Royale polka.

Ce jour-là, par ce que j'ai vu,
J'ai bientôt su,
Sans qu'on m'en ait fait confidence,
Un secret
Qui soudain m'a fait
Un tel effet,
Qu'il m'a transformé tout à fait.
En conscience,
C' n'était pas bien
D'être un vaurien,
Près de vous si douce et si bonne!...
J' raisonne...
Je me dis aussitôt:
Allons, il faut
Perdre chaque jour un défaut.
Je ne vis plus dans le travail
D'épouvantail.
Bravant la fatigue et la peine,
Si parfois la soif arrivait,
Henri prenait
La fontaine
Pour cabaret.
Quand un pauvre, mourant de faim,
Tendait la main

> Sur son chemin,
> En sa présence,
> Votre bienfaisance
> L'inspirait ;
> Il lui donnait,
> Pour fair' comm' vous, tout c' qu'il avait.
> Enfin, grâce à vous, d' son métier
> Il est l' premier ;
> Et sa plus douce récompense
> S'ra d' pouvoir lire avec bonheur
> Au fond d' vot' cœur,
> Le frère est digne de la sœur !

ADELINE. Que dites-vous?

HENRI. Oh! ne me défendez pas de vous donner ce nom... ce ne sera qu'entre nous,.. personne, jamais personne, pas même ma petite femme, ne saura ce secret.

ADELINE. Mais ce n'est pas pour moi que je veux qu'on l'ignore.

HENRI. Je le sais bien... c'est pour notre pauvre mère!.. Mais rassurez-vous, sa mémoire m'est aussi sacrée qu'à vous-même, et pour elle, à tous les yeux, excepté aux vôtres, je saurai me tenir à ma place, je vous le promets.

ADELINE, *lui tendant la main,* Henri... mon frère!

HENRI, *prenant sa main,* Ma bonne sœur!..

Air: *Votre pardon, ma bonne mère.* (Deux anges.)

ENSEMBLE.

HENRI.

> Redis encor ce nom de frère,
> Laisse-moi dire encor : ma sœur!..
> Mais que toujours ce doux mystère
> Reste caché dans notre cœur !

ADELINE.

> Redis encor, ô mon bon frère,
> Oui, redis-moi ce nom de sœur!..
> Mais que toujours ce doux mystère
> Reste caché dans notre cœur!

ADELINE, *seule.*

> Pour moi que ce moment est doux !
> Ah! de tout il me dédommage,
> Car il me rend l'espoir et le courage,
> En me prouvant que Dieu veille sur nous !

REPRISE, ENSEMBLE.

ADELINE. Mon frère!

HENRI, Ma sœur!.. (*Il l'embrasse.*) Ah! voilà ma provision de bonheur faite pour longtemps.

SCÈNE VIII.

LES MÊMES, LA TORTUE, MARIETTE.

LA TORTUE, *dans la coulisse.* N'allez donc pas si vite, madame Henri... vous allez vous donner une entorse.

MARIETTE, *également dans la coulisse.* C' n'est pas vous, qui en attraperez jamais, père La Tortue.

LA TORTUE, *entrant.* Dame! si vous croyez que ça aide à marcher... Eh ben! en dites-vous, à c't' heure?.. Par ici, donc, par ici!

MARIETTE, *entrant en courant.* Ah! le v'là à la fin!.. c'est pas malheureux.

LA TORTUE. J' vous disais bien qu' nous l' ratraperions, sans courir.

MARIETTE. Ah ça, monsieur mon mari, m'expliquerez-vous enfin ce que signifie une conduite pareille?

HENRI. Ne te fâche pas, ma petite Mariette, c'est ma... mademoiselle Adeline qui m'avait fait demander.

MARIETTE. C'est pas vrai.

HENRI. Comment, c'est pas vrai?

MARIETTE. Non, mam'selle Adeline a trop d'esprit pour ne pas savoir qu'un jour de noce c'est bien le moins qu'un mari reste un peu auprès de sa femme.

LA TORTUE. Mais, la petite bourgeoise,...

MARIETTE. Laissez-moi tranquille, vous... C'est vrai ça, j' comptais là-dessus, moi... et avec Monsieur, on ne sait plus sur quoi compter... on commence une conversation, on touche son coude, on lui dit des petits mots bien gentils, et si on a le malheur de tourner un peu la tête, quand on croit qu'il va répondre, crac! plus personne, l'oiseau est envolé.

HENRI. Ma bonne Mariette!..

LA TORTUE. C'est pas sa faute au petit, si la nature l'a fait comme ça.

MARIETTE. Taisez-vous, père La Tortue, ou j' vous accuse de complicité.

LA TORTUE. Oh!.. on n' vous croirait pas.

MARIETTE.

Air du *Partage de la richesse.*

> Un prétendu, tout l' temps qu'il nous courtise,
> Court après nous... mais s'il devient mari,
> A peine a-t-il le pied hors de l'église,
> Qu'il faut déjà qu' sa femme coure après toi.
> On m' l'avait dit... je m' soumettais d' bonn' grâce;
> Mais j'espérais, faute de mieux, ma foi,
> Qu'à table, au moins, il garderait sa place,
> Quand ça n' serait qu' pour trinquer avec moi.

ADELINE. Voyons, Mariette, ne le boude pas... tu vois que cela le chagrine... il va s'en aller avec toi... et il ne te quittera plus, je te le promets, pour lui.

MARIETTE, *à Henri.* Bien vrai?

HENRI. Oui, oui... tout à l'heure, vois-tu, je n'étais pas tranquille, je tremblais pour... (*Signe d'Adeline.*) la santé de notre bonne protectrice... Mais à présent que me voilà bien rassuré, je pourrai rire, chanter comme les autres... et trinquer avec toi, puisque tu y tiens.

MARIETTE. Mais certainement que j'y tiens.

LA TORTUE. Quant à ça, au fait...

MARIETTE. Ah! c'est bien heureux qu' vous soyez d' mon avis, enfin!

LA TORTUE. N'vous y habituez pas, la p'tite bourgeoise, une fois n'est pas coutume.

Air : *Hardi coureur* (Vaudeville final de la Voltige, Gymnase.)

LA TORTUE, HENRI ET MARIETTE.

A table, allons,
Vit' réjouissons,
Pour que la fête
Soit complète,
Tous nos amis, et qu'aujourd'hui
Le plaisir règne seul ici !

(Pendant la ritournelle, Henri dit un mot bas à Adeline en lui baisant la main, et sort par le fond avec Mariette et La Tortue ; Adeline rentre dans le pavillon ; à ce moment le chevalier paraît à la petite grille.)

SCÈNE IX.

LE CHEVALIER, EDOUARD.

LE CHEVALIER, *entrant le premier.* On s'éloigne... Nous serons en sûreté dans ce jardin... Viens, Edouard,... viens.

EDOUARD. Mais sais-tu au moins où tu es?

LE CHEVALIER. Non, mais qu'importe... L'essentiel est de dépister, en restant ici un moment, les gardes de la prévôté qui nous poursuivent dans le bois, et qui finiraient par nous atteindre et nous arrêter, si nous y restions... Entre donc bien vite.

EDOUARD, *entrant.* Que croire de tout ceci? M. le capitaine du guet, mon adversaire, serait-il aussi lâche qu'il a été insolent? C'est lui qui me donne rendez-vous, et quand j'arrive à l'endroit et à l'heure convenus, au lieu de me trouver en face d'un homme de cœur, prêt à me faire réparation par les armes, comme il l'a promis, comme il le doit, je ne vois que des soldats qui cernent toutes les avenues.

LE CHEVALIER. Quoique ce M. Florac soit du guet, ce qui ne me prévient guère en sa faveur, il est né pourtant cet homme, et pour son honneur, je veux encore le croire étranger à tout cela... si donc nous ne l'avons pas rencontré, c'est qu'apparemment la présence des archers l'aura, comme nous, forcé momentanément à une prudente retraite.

EDOUARD. C'est possible, mais je n'en maudis pas moins ce contre-temps... Car, il faut que je le tue, le misérable!

LE CHEVALIER. Oui, ce sont les douces paroles que tu m'as déjà fait entendre, quand tu es venu ce matin m'arracher à mes rêves. Mais pourquoi veux-tu le tuer? Voilà ce dont je ne sais pas encore le premier mot.

EDOUARD. A cet égard, ta conscience peut être

en repos : jamais duel ne fut plus nécessaire et plus légitime.

SCÈNE X.

LES MÊMES, ADELINE, *à la fenêtre du pavillon.*

ADELINE, *entr'ouvrant la persienne.* Qui donc est dans le jardin?.. Edouard... Le chevalier,... quel motif les amène ici? *(Elle referme un des volets, et ouvre l'autre, de manière à être en vue du public, sans qu'Edouard et le chevalier puissent l'apercevoir. Pendant ce mouvement Edouard est allé à la grille.)*

EDOUARD. Rien encore!

LE CHEVALIER. Patience donc!.. Et, tiens, puisque mossou Cadédis nous en laisse le loisir, dis-moi enfin ce qu'il a fait pour que tu sois si pressé de le tuer?

ADELINE. Un duel!

EDOUARD. Il a attaqué, en ma présence, une personne... que je ne n'aime plus, que je ne dois plus aimer... mais que j'ai tant estimée, tant aimée, que son honneur me semble encore comme une partie, la plus précieuse partie du mien.

ADELINE, *à part.* Que dit-il?

LE CHEVALIER. C'est donc mademoiselle de Grandschamps, que cet infernal Gascon?..

EDOUARD. Oui, il était hier chez M. de Sédages, dont il est parent par alliance, à l'heure fixée pour mes fiançailles, avec celle dont ma mère a désiré que j'acceptasse la main. Quelqu'un cherchait devant lui le motif de la rupture de mon premier mariage. Le motif est tout simple, répondit le capitaine. M. du Verneuil a rompu, parce qu'il a découvert que mademoiselle de Grandschamps s'était compromise dans une intrigue de bas étage.

ADELINE, *à part.* O mon Dieu!

LE CHEVALIER. Le misérable!.. Ah! si j'avais été là, moi, qui, malgré tout, n'ai jamais voulu croire à cette infamie!..

EDOUARD. Il ne s'agit ni de ce que tu crois, ni de ce que je puis croire moi-même, il s'agit d'un outrage fait publiquement à mademoiselle de Grandschamps... et je ne veux pas qu'on l'outrage, moi!

ADELINE. Noble cœur!

EDOUARD. Je m'approchai donc, et je dis à cet homme qu'il mentait indignement. — Moi, reprit-il; apprenez, Monsieur, que je n'avance jamais rien dont je ne puisse fournir preuve. — Des preuves? Vous mentez encore ; vous n'en avez, ni ne pouvez en avoir d'un fait que je déclare faux, de toute fausseté. — Ah! je n'ai pas de preuve, ajoute-t-il, en ricanant avec insolence, il me semble pourtant qu'une lettre de la belle à son amant pourrait paraître une preuve suffisante.

ADELINE. Que signifie?

ÉDOUARD. Vous me montrerez donc cette lettre, ai-je répondu-je, car ne pas la montrer, ce serait vous avouer, devant tous, un lâche calomniateur! — Je ne puis la montrer maintenant, Monsieur, reprit-il, d'un air hautain, qu'après vous avoir donné la leçon que mérite l'insulte que vous venez de m'adresser,... hors de moi, je lui jette mon gant au visage, et rendez-vous est pris pour ce matin.

LE CHEVALIER. Tu as bien fait, mordieu! et j'aurais agi comme toi... Peut-être même le gant serait-il parti plus tôt... Mais que le diable emporte le Gascon!.. Un pareil scandale, un jour de fiançailles... Cela peut faire manquer encore ce mariage.

ÉDOUARD. Tout est rompu, en effet... Mais ce n'est que pour ma mère que je m'en afflige, car moi, je ne portais là que ma main... mon cœur...

LE CHEVALIER. Ah! j'en étais bien sûr... Tu dis donc que ton cœur?..

ÉDOUARD, retournant à la grille. Je dis que les archers doivent être éloignés, maintenant... allons, viens.

ADELINE, sortant vivement du pavillon. Arrêtez, Messieurs.

ÉDOUARD. Adeline!.. où sommes-nous donc ici?

ADELINE. Vous êtes chez mon père, Monsieur.

ÉDOUARD. Croyez que nous l'ignorions, Mademoiselle, et veuillez nous excuser... Venus dans le bois, pour une partie de chasse, et séparés un moment de notre compagnie...

ADELINE. Vous ne pouvez me tromper, Monsieur... j'étais là... j'ai tout entendu.

ÉDOUARD. Vous avez entendu?..

ADELINE. Que vous voulez vous battre, Monsieur, vous battre pour moi!.. Mais... Je vous en supplie, au nom de ce que vous avez de plus cher,... renoncez à ce duel!

ÉDOUARD. C'est impossible, Mademoiselle.

ADELINE. Impossible!.. Oh! mais ce serait horrible! Non, vous ne vous battrez pas, vous ne pouvez pas vous battre.

ÉDOUARD. Vous voulez donc que je laisse impunément flétrir votre nom?

ADELINE. Eh! qu'importe mon nom?

ÉDOUARD. Qu'importe?.. En renonçant à vous, vous savez bien que je n'ai voulu donner à personne le droit de ne pas le respecter... je ne le veux pas encore, je ne le voudrai jamais!

ADELINE, à part. Mon Dieu! que faire donc?..

ÉDOUARD. Adieu, Mademoiselle.

ADELINE, le retenant. Monsieur, encore un moment, par pitié!.. écoutez-moi. (A part.) Oui, il n'est que ce moyen!.. (Haut, avec effort.) Quand j'ai refusé... d'expliquer devant vous les circonstances fatales qui ont éveillé vos soupçons... quand je vous ai dit que, malgré tout, je n'étais pas coupable...

ÉDOUARD. Eh bien!..

ADELINE. Eh bien... je vous trompais, Monsieur... j'étais indigne de vous, en effet... et maintenant... voudriez-vous encore exposer votre vie pour mon bonheur?

ÉDOUARD. Adeline!.. Adeline!.. ah! pourquoi m'enlever le doute?.. vous voulez donc qu'au moment de croiser le fer aucune illusion ne me reste?.. Et si je meurs, vous voulez que je meure dans le désespoir!

ADELINE, avec une sorte d'égarement. Mais vous ne mourrez pas... vous ne devez pas mourir!

ÉDOUARD, la regardant. Oh!.. m'en aller avec le mépris!.. Viens, chevalier.

ADELINE. Édouard!.. monsieur le chevalier, mais dites-lui donc au moins de songer à sa mère!..

ÉDOUARD. Après ce qui s'est passé ma mère ne me demanderait pas une lâcheté.

ADELINE, suffoquée par les larmes. Ah! vous voulez donc, vous, que les remords me tuent!.. (Passant entre lui et la grille, et avec autorité.) Eh bien! non, vous n'irez pas... c'est moi, moi, qui irai trouver cet homme et lui dirai : Réparation vous est faite, Monsieur, vous n'avez pas menti.

LE CHEVALIER, la regardant avec admiration. Ah! c'est une sainte fille!

SCÈNE XI.

LES MÊMES, LE CAPITAINE DU GUET, dans le bois.

LE CAPITAINE, sans être vu. Jé té dis qué nous né lé trouvérons pas. Le pétit Monsieur n'a pas été fâché, sans doute, de la rencontre de la maréchaussée, pour esquiver la leçon qué j'avais à lui donner.

ÉDOUARD. L'insolent!.. partons, partons, chevalier.

ADELINE, saisissant sa main. Édouard, au nom du ciel!

LE CAPITAINE, toujours dans le bois. Allons, allons, décidément lé pétit de Verseuil n'est qu'un poltron.

ÉDOUARD, se dégageant et tirant l'épée. Misérable!.. (Il s'élance par la grille.)

LE CHEVALIER, le suivant. Attends, attends, Gascon de malheur, on va te faire rentrer tes insultes dans la gorge...

SCÈNE XII.

ADELINE, seule, sur la ritournelle. Édouard! Édouard!.. (Elle va à la grille et regarde et écoute avec anxiété.)

Air : Ne t'en vas pas (De Jean Michell).

Il va mourir! et c'est pour moi! (bis.)
Toi, qui vois ma douleur amère,
Mon Dieu! je n'espère qu'en toi:
Pour le sauver, que dois-je faire?
Exauce, ô mon Dieu, ma prière!
Détourne de lui ta colère,
    Et frappe-moi!
Ah! j'aurai donc, pour préserver sa vie,
En vain, ici, fait subir à mon cœur
Tous les tourments, la honte et l'infamie!
Je l'aurai vu me fuir avec horreur,
Et sans pouvoir détourner le malheur!

(Elle va à la grille.)

Je n'entends rien!... C'en est donc fait!
Mon Dieu! mon Dieu! c'en est donc fait!

(Tombant à genoux.)

Du haut du ciel, mère chérie,
Prie avec moi, car s'il mourait,
S'il mourait, me croyant flétrie,
Ah! je le sens, mère chérie,
Hélas! ma vie avec sa vie
    S'envolerait!

SCÈNE XIII.

ADELINE, HENRI.

HENRI, accourant. Mademoiselle!.. Adeline!... ma sœur!.. qu'est-il arrivé? qu'avez-vous?

ADELINE. Henri!.. (Se relevant comme égarée.) Ah! mon ami, c'est le ciel qui t'envoie!.. Deux hommes se battent... là, tout près.

HENRI. Qui donc?

ADELINE. Edouard... contre ce misérable capitaine Florac.

HENRI. Le Gascon!.. et pourquoi?

ADELINE. Pour moi... pour mon honneur... pour une lettre de moi, que cet homme dit avoir... ce qui est une imposture...

HENRI. L'infâme!

ADELINE. Et qu'Édouard veut le forcer à lui rendre... Mais on va le tuer peut-être... cours vite, mon ami, empêche cette lutte homicide... va, défends Édouard, sauve-le, et je te devrai plus que la vie!

HENRI. Soyez tranquille.

ADELINE. Mais les trouveras-tu?

HENRI. Oui, oui, je connais les endroits... et si M. Édouard n'a pas la chance, je l'aurai peut-être, moi!... Ah! je pourrai donc enfin faire quelque chose pour vous... oh! merci, mon Dieu, merci. (Il sort en courant.)

ADELINE. Que veux-tu dire!.. Henri!.. mon frère!.. Il est déjà loin!

SCÈNE XIV.

ADELINE, MARIETTE.

ADELINE. Mais que faire? que devenir?.. A moi!.. quelqu'un!

MARIETTE. Qu'avez-vous, Mam'selle?

ADELINE. Ah! Mariette, un affreux malheur!

MARIETTE. Quel malheur donc, mon Dieu?

ADELINE, à la grille. Juste ciel!

MARIETTE. Qu'y a-t-il?

ADELINE. Édouard... Édouard blessé!.. on l'amène ici... Va vite chercher mon père, Mariette... qu'on appelle son médecin... Va, va, il n'y a pas un instant à perdre!

MARIETTE. Oui, Mam'selle. (Elle sort en courant.)

ADELINE. Ah! j'en deviendrai folle!... (A ce moment, on voit paraître à la grille Édouard, soutenu par le chevalier et par le chirurgien de la compagnie du guet. Édouard semble plutôt traîné qu'il ne marche. Sa cravate est dénouée, ses vêtements sont en désordre.)

SCÈNE XV.

ADELINE, ÉDOUARD, LE CHEVALIER, LE CHIRURGIEN DU GUET.

(On conduit Édouard, dont les yeux sont fermés, sur le banc, près du pavillon.)

ADELINE, à genoux près de lui, et tenant sa main qu'elle couvre de larmes. Édouard!... Édouard!... il ne m'entend pas... Sa blessure est donc bien grave?

LE CHEVALIER. Rassurez-vous, Mademoiselle, M. le chirurgien du guet, qui assistait au duel, a posé le premier appareil, et il répond de sa vie.

ADELINE, avec anxiété. Vous le sauverez, Monsieur? (Le chirurgien, qui fait respirer des sels à Édouard, fait un signe de tête affirmatif.) Ah! Dieu soit béni!.. Mon Édouard... Il vivra!

ÉDOUARD, ouvrant les yeux et d'une voix faible. Où suis-je donc?... Chez elle encore!.. J'avais dit pourtant que je ne le voulais pas.

ADELINE, d'un ton suppliant. Édouard!..

LE CHEVALIER. En nous rassurant sur les suites de la blessure, Monsieur nous a déclaré, toutefois, qu'une longue course en carrosse pouvait avoir du danger en ce moment... C'est ce qui m'a décidé.

ADELINE. Et vous avez bien fait, Monsieur... Blessé, blessé pour moi, et nos secours, nos soins lui auraient manqué!... Ah! le ciel m'est témoin que rien ne m'a coûté pour prévenir ce malheur!.. Il sait que, pour empêcher ce duel fatal, j'ai été jusqu'à me calomnier moi-même, jusqu'à accepter, à ses yeux, le soufflet et le mépris, moi qui ne les ai jamais mérités.

ÉDOUARD. Que dites-vous?

ADELINE. La vérité, Édouard, la vérité, devant Dieu qui m'écoute!

ÉDOUARD, *avec désespoir et sans force.* Et il faut que j'aie été désarmé, mis hors de combat, sans avoir pu arracher à ce misérable la lettre odieuse qu'il va maintenant montrer à tous comme un trophée!

SCÈNE XVI.

LES MÊMES, HENRI.

HENRI, *à la petite grille.* Il ne la montrera plus à personne, je vous en réponds.

ADELINE, *allant à lui.* Henri!

LE CHEVALIER. Que signifie?

ÉDOUARD, *péniblement.* Encore cet homme!

HENRI, *au chirurgien.* Rejoignez votre ami, Monsieur; c'est lui maintenant qui a besoin de vos soins... Et allez vite, car je crois que ça presse. (*Le chirurgien sort.*)

LE CHEVALIER. La revanche est donc prise?

HENRI. Oui, et bien prise, vous pouvez m'en croire... Un coup de flanconnade, ce qu'il y a de mieux... J'arrivais près du lieu du combat au moment où M. de Verseuil venait d'être atteint, et où le damné Gascon lui disait, en essuyant son épée d'un air bravache: Je garde mon droit tout entier, Monsieur, vous ne verrez pas la lettre, et vous l'aurez encore moins. Il n'y avait rien à faire pour le moment; je ne me montrai donc pas. Mais aussitôt que je vous vis vous éloigner, je ramassai l'épée du blessé, et je courus barrer le passage au capitaine. A nous deux, maintenant, lui dis-je. — Qu'est-ce à dire, drôle? — C'est-à-dire, drôle vous-même, que vous allez me donner la lettre, ou que je vous tue! — Ah! ah! plaisant, très-plaisant!... La voilà la lettre, dit-il en me la montrant; puis, la replaçant dans sa poche du côté du cœur, il ajouta: Pour avoir le droit de la prendre, il faut la piquer un peu, mon petit. — Eh bien, soyez tranquille, Mossou, on la piquera. Là-dessus, il redégaine, nous engageons le fer, et quoiqu'il s'y prenne assez bien, faut en convenir, en un rien de temps, crac! la flanconnade, c'est fait, je pique, et voilà la lettre. (*Il la remet à Adeline.*) Je vous l'avais promise. (*A Édouard.*) Voilà votre dûe, Monsieur,... elle m'a porté bonheur!

ÉDOUARD, *avec un soupir.* Oui, plus qu'à moi!

ADELINE. Prenez cette lettre, Édouard, et lisez-la. Elle n'est pas de moi, croyez-le; mais fût-elle de moi, je n'ai jamais rien écrit dont j'aie à rougir devant qui que ce soit au monde! Lisez donc. (*Édouard tire d'une première enveloppe un morceau de papier plié en quatre, et avant de le déplier, il en lit la suscription.*)

ÉDOUARD, *lisant.* « Pour Henri. » (*Il ouvre le papier en frémissant et le parcourt.*) Ah!..

ADELINE. Qu'avez-vous?

ÉDOUARD, *douloureusement.* Cette lettre est signée Adeline. (*Lisant d'une voix entrecoupée.*) « Mon bien-aimé Henri,... on m'enlève notre... »

HENRI. Attendez... mais cette lettre est à moi.

ÉDOUARD. A vous?... bien à vous?...

HENRI. Sans doute, c'est celle de ma mère.

ÉDOUARD. Sa mère!...

ADELINE. Henri!...

HENRI. Ah! ma foi, ça m'est échappé... Elle était avec d'autres papiers de mon père, dans un petit portefeuille que ce satané capitaine a saisi à l'hôtellerie, et qu'on m'avait dit perdus... Et c'est de ça qu'il se servait pour vous calomnier, l'infâme!... (*Le marquis paraît dans le fond.*)

ADELINE. Mon père!... pas un mot de plus, au nom du ciel! (*Pendant qu'Adeline va au-devant de son père, Henri dit rapidement, à voix basse, quelques mots à Édouard, qui paraît radieux et se lève, appuyé sur le chevalier.*)

SCÈNE XVII.

LES MÊMES, LE MARQUIS, MARTHE, MARIETTE, LA TORTUE, EUSTACHE, TOTO, JÉRÔME; TOUS LES AUTRES COMPAGNONS ET LES GENS DE LA NOCE.

ADELINE, *montrant Édouard.* Blessé pour moi, mon père!

LE MARQUIS. Pour toi?

HENRI. Oui, par un misérable, qui attaquait l'honneur de Mademoiselle, mais dont j'ai mis au repos pour quelque temps, la langue de vipère!

LE MARQUIS. Toi?

MARIETTE. Il sait donc se battre à l'épée?

LA TORTUE. Est-ce qu'il ne sait pas tout ce qui est bon, le petit?

ÉDOUARD, *à Adeline.* Me permettrez-vous, Mademoiselle, de dire à M. le marquis que vous avez reconnu... que les torts... que j'avais eus envers vous... étaient le résultat d'un déplorable malentendu... et que vous me les pardonnez?

ADELINE, *lui tendant la main.* Édouard!...

ÉDOUARD, *bas, en portant la main à ses lèvres.* Oh! vous êtes un ange!

LE CHEVALIER, *allant à Henri et lui prenant la main.* Touchez là, monsieur Henri, vous êtes un brave; et quand vous aurez besoin d'un second, je serai toujours à vos ordres.

HENRI. Bien obligé. Mais, pour le moment, avec la permission de M. le marquis, je ne vous invite qu'à ma noce.

LE CHEVALIER. Soit! Et à quand l'autre, monsieur le marquis?

LE MARQUIS, *souriant.* Adeline vous le dira.

FIN.

LYON. — IMPRIMERIE DE VIALAT ET Cie